学ぶ人は、
変えてゆく人だ。

目の前にある問題はもちろん、
人生の問いや、
社会の課題を自ら見つけ、
挑み続けるために、人は学ぶ。
「学び」で、
少しずつ世界は変えてゆける。
いつでも、どこでも、誰でも、
学ぶことができる世の中へ。

旺文社

JN046945

はじめに

『高校入試合格でる順シリーズ』は、高校入試に向けた学習を効率よくするための問題集です。

このシリーズでは、実際に出題された高校入試問題を分析し、入試に必要なすべての単元を、出題率の高い順に並べています。出題率が高い順に学習することで、入試までの時間を有効に使うことができます。

本書はそれぞれの単元に、くわしいまとめと、入試過去問題を掲載しています。問題を解いていてわからないことがでてきたら、まとめにもどって学習することができます。入試に向けて、わからないところやつまずいたところをなくしていきましょう。また、入試問題は実際に出題されたものを掲載していますので、本番と同じレベルの問題で実力を試すことができます。

本書がみなさんの志望校合格のお役に立てることを願っています。

旺文社

本書の特長と使い方

本書は、高校入試の問題を旺文社独自に分析し、重要な単元を入試に「でる順」に並べた問題集です。入試直前期にも解きれる分量になっており、必要な知識を短期間で学習できます。この問題集を最後まで解いて、入試を突破する力を身につけましょう。

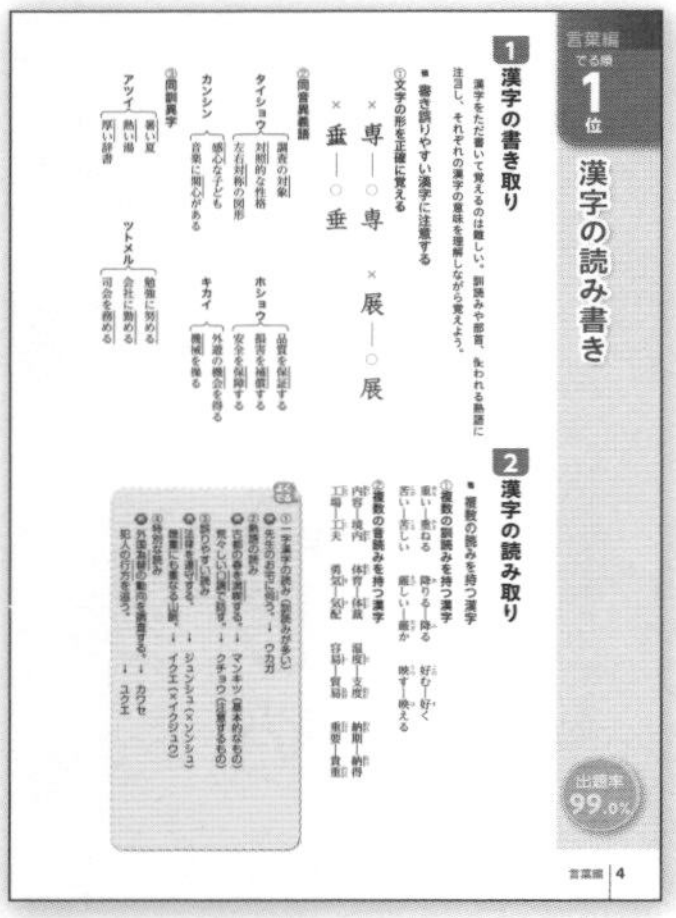

STEP 1 まとめ

各単元の重要な項目をコンパクトにまとめています。

よくでる　**入試によくでることがら**

ミス注意　**入試で間違いやすいことがら**

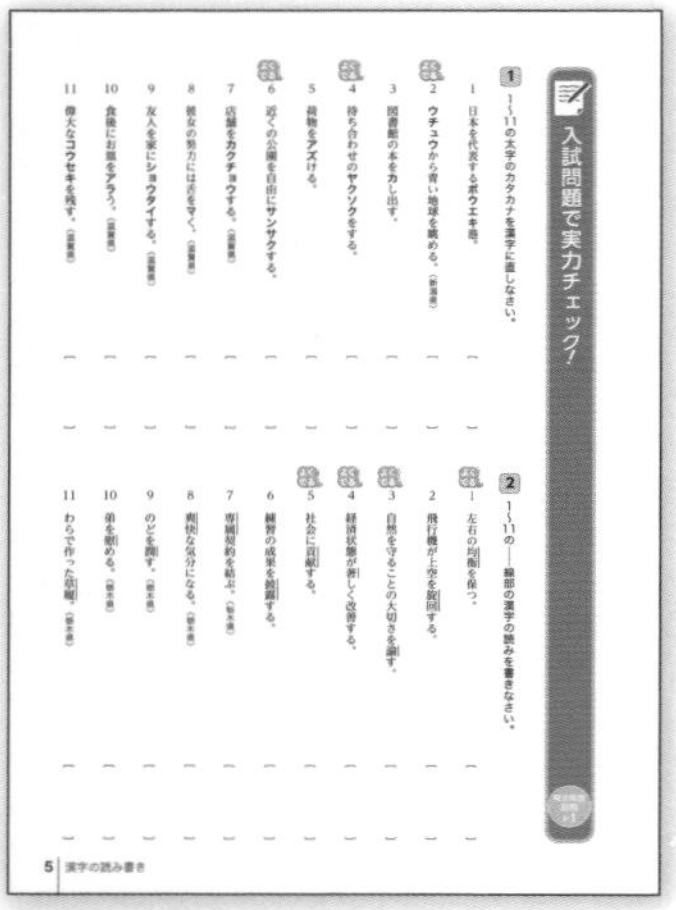

STEP 2 入試問題で実力チェック！

実際の入試問題で学んだ知識を試してみましょう。

よくでる　**入試によくでる問題**

思考力　**知識だけでなく、考える力が試される問題**

ハイレベル　**発展的な問題**

正答率80.0%　**正答率が50%以上の問題**

正答率30.0%　**正答率が50%未満の問題**

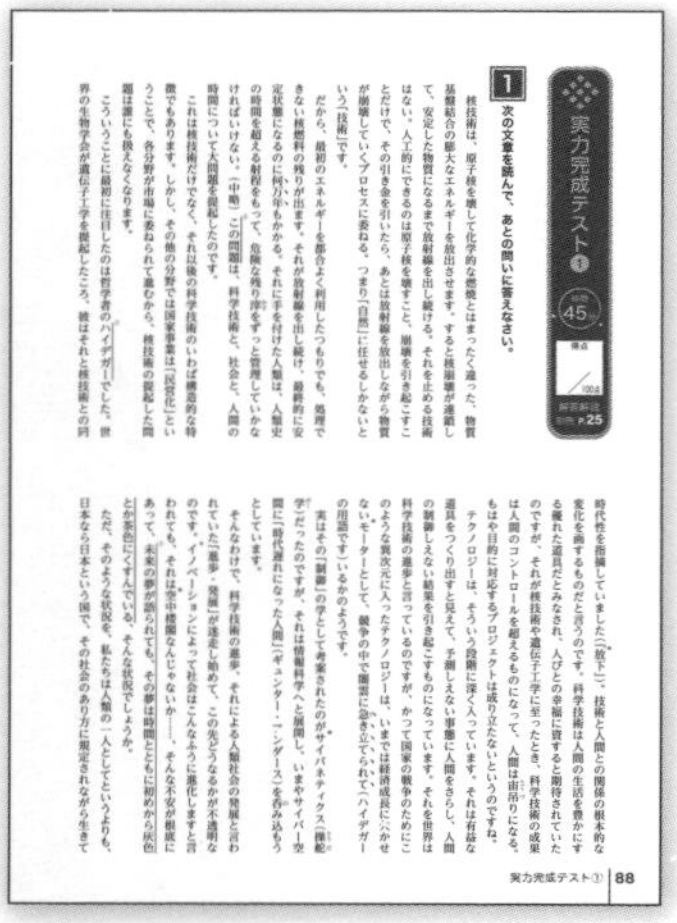

実力完成テスト

オリジナルの実力完成テストを2回分収録しています。最後の力試しにどのぐらい解けるか、挑戦してみてください。

もくじ

編集協力 有限会社マイプラン 湯川善之／岩竹志宝
装丁・本文デザイン 牧野剛士
組版・図版 株式会社ユニックス
校正 國本美智子／鶴川深奈萌／中村悠季／原田俊行

漢字の読み書き

出題率
99.0%

1 漢字の書き取り

漢字をただ書いて覚えるのは難しい。訓読みや部首、使われる熟語に注目し、それぞれの漢字の意味を理解しながら覚えよう。

■ 書き誤りやすい漢字に注意する

①文字の形を正確に覚える

× 専—○ 専　　× 展—○ 展

× 垂—○ 垂

②同音異義語

タイショウ
- 調査の対象
- 対照的な性格
- 左右対称の図形

ホショウ
- 品質を保証する
- 損害を補償する
- 安全を保障する

カンシン
- 感心な子ども
- 音楽に関心がある

キカイ
- 外遊の機会を得る
- 機械を操る

③同訓異字

アツイ
- 暑い夏
- 熱い湯
- 厚い辞書

ツトメル
- 勉強に努める
- 会社に勤める
- 司会を務める

2 漢字の読み取り

■ 複数の読みを持つ漢字

①複数の訓読みを持つ漢字

重《おも》い—重《かさ》ねる　　降《お》りる—降《ふ》る　　好《この》む—好《す》く

苦《にが》い—苦《くる》しい　　厳《きび》しい—厳《おごそ》か　　映《うつ》す—映《は》える

②複数の音読みを持つ漢字

内《ない》容—境内《だい》　　体《たい》育—体《てい》裁　　温度《ど》—支度《たく》　　納《のう》期—納《なっ》得

工《こう》場—工《く》夫　　勇気《き》—気《け》配　　容易《い》—貿易《えき》　　重《じゅう》要—貴重《ちょう》

よくでる

①一字漢字の読み（訓読みが多い）

例 先生のお宅に伺う。→ ウカガ

②熟語の読み

例 古都の春を満喫する。→ マンキツ（基本的なもの）

荒々しい口調で話す。→ クチョウ（注意するもの）

③誤りやすい読み

例 法律を遵守する。→ ジュンシュ（×ソンシュ）

幾重にも重なる山脈。→ イクエ（×イクジュウ）

④特別な読み

例 外国為替の動向を調査する。→ カワセ

犯人の行方を追う。→ ユクエ

入試問題で実力チェック！

1 1～11の太字のカタカナを漢字に直しなさい。

1 日本を代表する**ボウエキ**港。

よくでる 2 **ウチュウ**から青い地球を眺める。〈新潟県〉

3 図書館の本を**カ**し出す。

よくでる 4 待ち合わせの**ヤクソク**をする。

5 荷物を**アズ**ける。

よくでる 6 近くの公園を自由に**サンサク**する。

7 店舗を**カクチョウ**する。〈滋賀県〉

8 彼女の努力には舌を**マ**く。〈滋賀県〉

9 友人を家に**ショウタイ**する。〈滋賀県〉

10 食後にお皿を**アラ**う。〈滋賀県〉

11 偉大な**コウセキ**を残す。〈滋賀県〉

2 1～11の――線部の漢字の読みを書きなさい。

よくでる 1 左右の均衡を保つ。

2 飛行機が上空を旋回する。

よくでる 3 自然を守ることの大切さを諭す。

よくでる 4 経済状態が著しく改善する。

よくでる 5 社会に貢献する。

6 練習の成果を披露する。

7 専属契約を結ぶ。〈栃木県〉

8 爽快な気分になる。〈栃木県〉

9 のどを潤す。〈栃木県〉

10 弟を慰める。〈栃木県〉

11 わらで作った草履。〈栃木県〉

解答解説 別冊 P.1

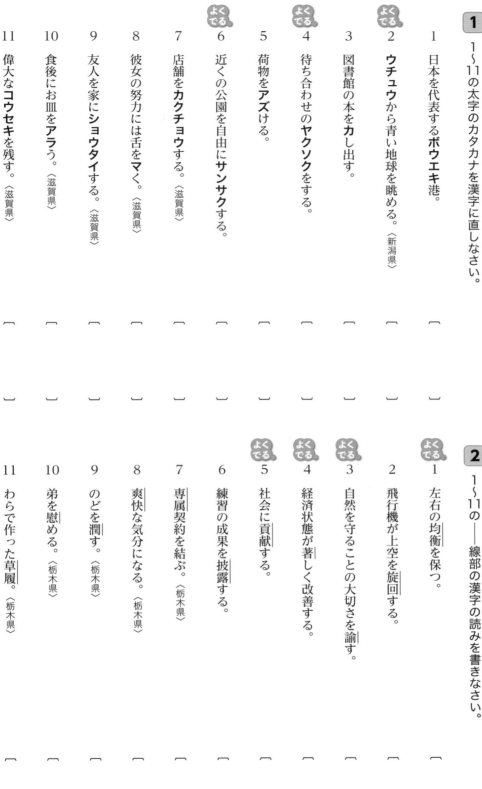

品詞・品詞の識別

出題率 50.7%

1 品詞

単語は十の品詞に分類される。自立語と付属語、活用のあるものとないものに分けて確実に覚え、見分けられるようにしておこう。まぎらわしいものもあるので要注意だ。

■ 品詞

単語を文法的な性質から分類したときのそれぞれの種別のこと。次の品詞分類表をしっかり覚えておこう。

品詞分類表

単語	活用	文の成分	性質	品詞
自立語	活用がある	述語	（ウ段の音で終わる）	動詞
			（「い」で終わる）	形容詞
			（「だ」で終わる）	形容動詞
	活用がない	主語		名詞
		修飾語	（主に用言を修飾）	副詞
			（体言を修飾）	連体詞
		接続語		接続詞
		独立語		感動詞
付属語	活用がある			助動詞
	活用がない			助詞

■ まぎらわしい語の見分け方

①「ない」の識別

「ない」→「ぬ」と置き換えることができれば打ち消しの助動詞。できなければ形容詞。

例 本を読まない。→「読まぬ」と言えるので助動詞。
楽しくない。→「楽しくぬ」とは言えないので形容詞。

②「の」の識別

例 太陽のまぶしい日。→「が」と置き換えられるので主語を示す。
それは私のです。→「のもの」と置き換えられるので体言の代用。
桜の花を見る。→「花」を修飾する連体修飾語を作る。

③「らしい」の識別

例 あれが図書館らしい。→「〜と思われる・〜のようだ」と置き換えられるので推定の助動詞。
中学生らしいふるまいを心がける。→「〜としてふさわしい」という意味なので形容詞を作る接尾語。

④「れる」「られる」の識別

例 母にしかられる。→受身
この店ではおいしいラーメンを食べられる。→可能
先生がアメリカから帰国される。→尊敬
故郷のことが思い出される。→自発

入試問題で実力チェック!

解答解説 別冊 P.1

よくでる

1 「あばれさせないように」を組み立てている単語の品詞のならび順として、最も適切なものを次から一つ選び、記号で答えなさい。〈三重県〉

ア 動詞／助動詞／形容動詞
イ 動詞／形容詞／名詞／助詞
ウ 動詞／助動詞／助動詞／助動詞
エ 動詞／助動詞／形容詞／名詞／助詞

〔　　〕

よくでる

2 次の文の――線部「ない」と異なる品詞の「ない」を含む文を、あとのア～エの中から一つ選んで、その記号を書きなさい。〈茨城県・改〉

自宅ではできない調べ学習などもできる。

ア 始業時間には間に合わない。
イ このバスには乗客がいない。
ウ 子どもの表情はあどけない。
エ これだけは絶対に食べない。

〔　　〕

3 「今にも雨が降りそうだ」の――線の部分と文法的に同じ意味・用法のものはどれか。〈栃木県〉

ア 目標を達成できそうだ。
イ 彼の部屋は広いそうだ。
ウ 祖父母は元気だそうだ。
エ 子犬が生まれるそうだ。

〔　　〕

4 次の═══部「だ」と同じ意味(用法)であるものを、ア～エの中から一つ選び、その記号を書きなさい。〈埼玉県〉

> 彼女の趣味は読書だ。ある日、休み時間に話しかけると、彼女は顔を上げ、本にそっとしおりを挟んだ(ア)。和紙で作られた少し大きめのしおりだ(イ)。教室に人は少なく、いつもより静かだ(ウ)。私が、好きな本について話そうと言うと、彼女の表情は少しやわらいだ(エ)。

〔　　〕

5 次の文について、あとの問いに答えなさい。〈鳥取県〉

> ある人が発した言葉が、今でも忘れられない。

次のア～エの――線部のうち、「ある」と同じ品詞の言葉を一つ選び、記号で答えなさい。

ア かなり遠くの街まで行く。
イ 大きな絵を壁に掛ける。
ウ 新しい本が出版される。
エ きれいな星空を眺める。

〔　　〕

文と文節

出題率
26.7%

1 言葉の単位

言葉にも単位がある。文の区切り方をきちんと理解することが、文を正しく読み取る基本となる。

■ 文節

一語の自立語と、それに付く付属語から成り、意味をこわさない程度に区切ったもの。文の成分としての働きがある。

よくでる
一文節は「自立語」または「自立語＋付属語」から成る。
（※付属語は何語あってもよい。）

■ 単語

これ以上分けることのできない、言葉の最小の単位。それだけで意味の通じる言葉（自立語）と、自立語のあとに付けて使う言葉（付属語）とがある。いずれかの品詞に分類できる。

2 文節の区切り方

その文が何文節であるか、またその語がかかる（修飾する）文節はどれか、などを正確にとらえることが重要。まずは文節の分け方について習熟しておく必要がある。

■ 文節分けの基本

例 この本はとてもおもしろいそうだ。

この	本	は	とても	おもしろい	そうだ。
自立語	自立語	付属語	自立語	自立語	付属語
1文節	1文節		1文節	1文節	

3 文の組み立てと修飾語・被修飾語

■ 主語・述語の関係

・何（だれ）が――どうする。
・何（だれ）が――どんなだ。
・何（だれ）が――何だ。
・何（だれ）が――ある（ない・いる・いない）。

■ 修飾語・被修飾語

連体修飾か連用修飾かの見きわめがポイントになる。

・修飾語が用言の連体形や連体詞、「～の」の形
→被修飾語は体言（または体言相当語句）。
・修飾語が用言の連用形や副詞、「～て」の形 など。
→被修飾語は用言（または用言相当語句）。

入試問題で実力チェック!

解答解説 別冊 P.2

よくでる

1 「そんな考えを持ったのは初めてではなかった」は、いくつの文節から成っているか、文節の数を書きなさい。〈佐賀県〉

〔　　〕

よくでる

2 次の一文を文節に区切るといくつの文節になるか。その数字を書きなさい。〈埼玉県〉

言葉の正しさの規範意識もそこからうまれ出るようだ。

（岩淵《いわぶち》悦《えつ》太《た》郎《ろう》「言葉を考える」より）

〔　　〕

3 次の――線部の述語に対する主語を、一文節で書き抜きなさい。〈埼玉県〉

この町には、私が友人と過ごした頃の思い出がたくさんあります。

〔　　〕

4 次のうち、文の係り受け（照応関係）が正しいものはどれか。〈栃木県〉

ア この商品の良い点は、値段が安いところが素晴らしい。

イ 高校時代の一番の思い出は、校内球技大会で優勝した。

ウ 私の将来の夢は、生活に役立つものを発明することだ。

エ この話は、おばあさんの家に子供が住むことになった。

〔　　〕

よくでる

5 次の文について、あとの問いに答えなさい。〈鳥取県〉

全国大会出場と　いう　貴重な　機会が　得られる。

「貴重な　機会が」の文節どうしの関係と同じ関係になっているものを、次のア～エの――線部から一つ選び、記号で答えなさい。

ア 遠くから　車の　音が　聞こえる。

イ チロは　茶色の　かわいい　犬だ。

ウ 彼は　いつまでも　待って　いた。

エ 思い出が　頭の　中を　駆け巡る。

〔　　〕

6 次の――部と＝＝部の関係が主・述の関係になっているものを、ア～エの中から一つ選び、その記号を書きなさい。〈埼玉県〉

先週末、友達と映画館に　行った。（ア）チケットを購入した後、飲み物と　食べ物を買った。（イ）映画はとても感動的で、一緒に行った友達も　泣いていた。（ウ）映画を鑑賞し終わった後、記念にパンフレットを　買った。（エ）

〔　　〕

1 活用

活用があるのは、用言である動詞・形容詞・形容動詞と助動詞である。

■ 活用の基本

活用形は、六つのパターンに分けられる。

活用表（動詞）

活用形＼基本型	話す	起きる	開ける	
未然形	話さ 話そ	起き	開け	助動詞「ない」「う（よう）」に続く形
連用形	話し	起き	開け	助動詞「ます」に続く形
終止形	話す	起きる	開ける	言い切りの形
連体形	話す	起きる	開ける	体言（名詞）に続く形
仮定形	話せ	起きれ	開けれ	助詞「ば」に続く形
命令形	話せ	起きろ 起きよ	開けろ 開けよ	命令の意味で言い切る形

■ 語幹と活用語尾

活用するとき、形が変わらない部分を語幹といい、そのあとの形が変わる部分を活用語尾という。

■ 活用の種類

動詞の「活用の種類」のパターンは五つに分けられる。

五段活用…アイウエオの五つの段にわたって活用する。例「話す」
上一段活用…イ段を中心に活用する。例「起きる」
下一段活用…エ段を中心に活用する。例「開ける」
カ行変格活用…「来る」だけ。
サ行変格活用…「する」と「～する」だけ。

よくでる
最初に示された語と同じ活用形の語、または異なる活用形の語を選ぶ問題がよく出題される。

ミス注意
「活用形」と「活用の種類」を混同しないように気をつけよう。「活用形」は「～形」を答える。

入試問題で実力チェック！

解答解説 別冊 P.2

1 次の文の□にあてはまるように、「買う」という動詞を活用させて書きなさい。〈北海道〉

荷物が増えるので、大きなお土産はできるだけ□ないように心がける。

［　　　　］

2 次の文の――線部と同じ活用の種類の動詞を含むものを、ア～エから一つ選び、記号で答えなさい。〈岐阜県〉

老子の言う「知足」とは、単に我慢しろ、欲望を抑えろということではありません。

ア 桜の花が美しく咲く。
イ 父が質問に答える。
ウ 友人が家に来る。
エ キャプテンが指示をする。

［　　　　］

よくでる

3 次の――部の動詞と活用の種類が同じものを、あとのア～エの文の――部から一つ選び、その記号を書きなさい。〈埼玉県〉

方位磁針が北の方角を指している。

ア 詳細は一つ一つ確認をしてから記入する。
イ 好きな小説の文体をまねて文章を書いた。
ウ 思いのほか大きな声で笑ってしまった。
エ 普段からの努力を信じて本番に臨む。

［　　　　］

よくでる

4 次の文中の――線部の活用の種類と活用形は何ですか。活用の種類は、後の①のアからオまでの中から一つ選び、記号で答えなさい。活用形は、後の②のaからfまでの中から一つ選び、記号で答えなさい。〈滋賀県〉

「ありがとう、友よ。」二人同時に言い、ひしと抱き合い、それからうれし泣きにおいおい声を放って泣いた。 （太宰治《だざいおさむ》「走れメロス」より）

①活用の種類

ア 五段活用　**イ** 上一段活用　**ウ** 下一段活用
エ カ行変格活用　**オ** サ行変格活用

［　　　　］

②活用形

a 未然形　**b** 連用形　**c** 終止形
d 連体形　**e** 仮定形　**f** 命令形

［　　　　］

語句の意味

出題率 20.0%

1 難しい言葉

一語の熟語や和語でも、意味が難しいものや、独特の使い方をするものがある。ふだんから意味のわからない言葉はこまめに辞書で調べよう。

■ 入試によく出る言葉

腹案を練る。→心の中にもっている計画。
眼目を置く。→最も大事なところ。
識者の意見を聞く。→よくわかっている人。
遺憾に思う。→残念だ。
看過することはできない。→見逃すこと。
生粋の江戸っ子だ。→まじりけがないこと。
屈託のない笑顔。→くよくよとすること。
祖母を**彷彿**《ほうふつ》させる。→はっきりと思い浮かぶこと。
事件の**伏線**。→あとに出てくることについて、ほのめかしておくこと。
春**たけなわ**の山里を歩く。→真っ盛り。
いたずらに時間をつぶす。→むだに。
むやみに森林を伐採してはいけない。→やたらに。
世の中に**あまねく**知れ渡る。→広く。
言わずもがなのこと。→言わない方がよい。
彼は**度し難い**。→救いがたい。

2 多義語

多義語とは、一つの語でいくつかの意味をもつ言葉のこと。本来の意味とは違う意味で用いられる言葉が出題されることが多いので、文章にあてはめて意味が通るか確認しよう。

例 **山**
家族で山に登る。→高く盛り上がった場所。
ドラマの山。→最も盛り上がるところ。
試験の山がはずれる。→見込み。
本の山をくずす。→ものを高く積み上げたもの。

例 **立つ**
椅子から立つ。→ある場所から足をのばして身を起こす。
旅に立つ。→出発する。
煙が立つ。→低い所から上へと立ち上る。

よくでる

①意味を答える
問い 「ぶしつけ」の意味はどれか。
ア突然　イ残念　ウ光栄　エ失礼　→エ

②空欄に合うものを答える
問い どの計画にも□があるので決定に悩む。
ア一進一退　イ一朝一夕
ウ一長一短　エ一喜一憂　→ウ

入試問題で実力チェック！

解答解説 別冊 P.3

1 次の文の――線部「執着」の意味として最も適切なものを、あとのア〜エから一つ選び、その記号を書きなさい。〈愛媛県〉

新たなトライをする気力を失うかもしれませんし、持論への執着から、自分のアイデアが捨て切れず、答えの出ない堂々めぐりに陥ることも珍しくありません。

（上田正仁《うえだまさひと》「東大物理学者が教える『考える力』の鍛え方」より）

ア 強く心をひかれ、それにとらわれること。
イ 期待外れの結果になり、がっかりすること。
ウ 直面する困難を避けて、逃げ隠れること。
エ 優れたものとして、その価値を認めること。

〔　　　〕

2 「彼は、中世ヨーロッパの建築様式に明るい」の――線の部分の意味として適切なものはどれか。次の中から一つ選び、記号で答えなさい。〈栃木県〉

ア よく通じていて詳しい。
イ 強い興味を抱いている。
ウ 高い評価を与えている。
エ 疑問を持つことはない。

〔　　　〕

3 「白眼視する」の意味として最も適切なものを、次のア〜エから一つ選び、記号で答えなさい。〈鳥取県〉

ア 哀れみの目で見る　**イ** 尊敬のまなざしで見る
ウ 冷たい目で見る　**エ** 怒りをこめて見る

〔　　　〕

よくでる

4 ①・②の意味として最も適切なものを、次の各群のア〜エから一つ選んで、その符号を書きなさい。〈兵庫県〉

①案の定

ア 結果として　**イ** 予想以上に
ウ 唐突に　**エ** 思ったとおり

〔　　　〕

②ありきたりな

ア 平凡な　**イ** 期待に反する
ウ いい加減な　**エ** 受け売りの

〔　　　〕

よくでる

5 にわかに　とはどのような意味ですか。次のア〜エのうちから最も適当なものを一つ選び、その記号を書きなさい。〈岩手県〉

ア 簡単に　**イ** 明確に
ウ 自然に　**エ** 即座に

〔　　　〕

ことわざ・慣用句

出題率
18.7%

1 ことわざ

ことわざとは、昔から言い習わされてきた、生活の知恵や人生の教訓を表す言葉のこと。簡潔でありながら真理を言い表すものが多い。

■ 反対の意味のことわざ

好きこそものの上手なれ
↓好きなことは自然に熱中するので、上達が早いということ。

下手の横好き
↓下手であるのに、その物事が好きで熱心なこと。

急がば回れ
↓急いで危険な方法をとるより、時間を要してでも確実な方法をとるほうがうまくいく。

善は急げ
↓よいことをするときは、迷わずすぐに実行するのがよい。

■ 似た意味のことわざ

紺屋《こうや》の白袴《しろばかま》＝医者の不養生
↓他人のことばかり気にかけ、自分のことはおろそかになること。

月とすっぽん＝ちょうちんに釣り鐘
↓二つのものが、形は似ていても内容がひどく違っていて、比べものにならないこと。

2 慣用句

慣用句とは、二つ以上の言葉が結びついて、全体として元の言葉の意味とは異なる特別な意味を表す言い方のこと。体の部分が含まれるものや、比喩的なものなどに分けて覚えよう。

■ 体の部分が含まれる慣用句

顔が広い…交友関係が広い。
眉をひそめる…不快に感じて顔をしかめる。
目が高い…ものごとを見分ける力がある。
耳を疑う…意外なことを聞いて驚く。
口がすべる…秘密をつい人に話してしまう。
舌を巻く…相手の技量にひどく驚く。
肩をもつ…一方に味方する。
骨が折れる…努力を要する。困難である。

■ 比喩を用いた慣用句

猫の額…非常に狭い場所のたとえ。
青菜に塩…元気がない様子のたとえ。
水に流す…過去のことをなかったことにする。
板につく…あることやものにすっかり慣れて、似合うようになる。

入試問題で実力チェック！

解答解説 別冊 P.4

1 「虫のいい話」の意味として最も適切なものを次の中から一つ選び、記号で答えなさい。〈和歌山県〉

ア 好都合な話　イ 身勝手な話

ウ 非常識な話　エ 無関係な話

〔　　〕

2 次のことわざの意味として最も適切なものをあとの中から一つずつ選び、記号で答えなさい。〈新潟県〉

(1) 一寸の虫にも五分の魂

(2) 立つ鳥跡を濁さず

ア 忙しいときには、だれでもいいから手伝いがほしいことのたとえ。

イ 引き際《ぎわ》がいさぎよく、きれいであることのたとえ。

ウ うわの空で、人の忠告に従う気がないことのたとえ。

エ 強い者の権力に頼って威張る小人物のたとえ。

オ 小さくて弱いものにも、それなりの意地はあるということのたとえ。

(1)〔　　〕　(2)〔　　〕

3 「彼は、孫のしぐさに目を細めた。」の——線部の意味として適切なものを次の中から一つ選び、記号で答えなさい。〈栃木県〉

ア 満足し何度もうなずいた。

イ うれしそうにほほえんだ。

ウ 心配そうに暗い顔をした。

エ 喜びがこみ上げて涙ぐんだ。

〔　　〕

4 「□が立たない」が「とてもかなわない」という意味になるよう、□に体の一部を表す言葉を漢字一字で書きなさい。〈千葉県〉

□

5 次のア〜オのことわざのうち、「名人・達人でも時には失敗すること」という意味をもつものをすべて選び、記号で答えなさい。〈鳥取県〉

ア 河童《かっぱ》の川流れ　イ 馬の耳に念仏

ウ 鬼の目にも涙　エ 弘法《こうぼう》にも筆の誤り

オ 猿も木から落ちる

〔　　〕

6 次の各文中の——線をつけた慣用句の中で、使い方が正しくないものを、ア〜オの中から一つ選びなさい。〈福島県〉

ア 先輩からかけられた言葉を心に刻む。

イ 現実の厳しさを知り襟を正す。

ウ 彼の日々の努力には頭が下がる。

エ 大切な思い出を棚に上げる。

オ 研究の成果が認められ胸を張る。

〔　　〕

字形・書体

1 字形

文字が目に見える形で書かれたもののことを「字形」という。「字形」は、手で書かれたものや印刷された種類だけ、その数があるともいえる。同じ文字でも、楷書と行書では字形がやや異なることが多い。

■ 楷書

最も基本的な字体で、一画ずつ丁寧に書くことがその特徴。

■ 行書

楷書をやや崩して書く。線を続けて書いたり、点画を省略したりするため、楷書よりも速く書ける。

例

楷書

行書

楷書

行書

2 書体

同じ文字であっても、さまざまな種類の字形がある。この字形の特徴や様式を体系化したものを「書体」という。書体には「教科書体」「明朝体」のような印刷文字の書体もあるが、歴史的には「隷書」「草書」「行書」「楷書」のような書体がある。

■ 行書のポイント

楷書と同じくらい読みやすく、楷書よりも速く書くことのできる「行書」には、曲線的な**丸み**、**点画の連続**、**点画の変化**、**点画の省略**、**筆順の変化**、という五つのポイントがある。

・**点画の連続**…点画から点画への筆脈が線として現れることがある。

例

楷書の九画目〜十一画目に、点画の連続が見られる。

・**点画の変化**…速く書くため、点画の形や長さなどが変わることが多い。

例

楷書の一画目〜二画目に、点画の変化が見られる。

・**点画の省略**…楷書とは違い、点画が省略されることもある。

例

楷書の三画目・四画目に、点画の省略が見られる。

・**筆順の変化**…点画から点画へのつながりのため、筆順が楷書とは異なることもある。

例

楷書の一画目〜三画目に、筆順の変化が見られる。

入試問題で実力チェック!

解答解説 別冊 P.4

1 次のア～エの行書のうち、点画の省略がみられるものはどれか。一つ選び、記号で答えなさい。〈山口県〉

ア 
イ 
ウ 
エ 

〔　　〕

よくでる

2 次の文字は「取」を行書で書いたものである。この中に見られる行書の特徴として、不適当なものを、ア～エから一つ選び、記号で答えなさい。〈宮崎県〉

ア 点画の連続がみられる。
イ 点画の省略がみられる。
ウ 点画の変化がみられる。
エ 筆順の変化がみられる。

〔　　〕

3 「課」の偏《へん》を行書で書いたものはどれか。次のア～エから最も適当なものを一つ選び、その記号を書きなさい。〈三重県〉

ア 
イ 
ウ 
エ 

〔　　〕

よくでる

4 「落葉」という熟語を、次のように行書で書きました。①、②の部分において、楷書で書いたときと比べて、どのような特徴が現れていますか。その組み合わせとして、最も適切なものを、あとのア～エから一つ選び、記号で答えなさい。〈鳥取県〉

ア ①点画の連続　②筆順の変化
イ ①点画の省略　②筆順の変化
ウ ①点画の連続　②点画の省略
エ ①筆順の変化　②点画の省略

〔　　〕

5 次の文字は、光る雲を行書で書いたものである。この文字の○で囲んだ①から④の部分に表れている行書の特徴の説明に合っているものとして、最も適切なものを、次のア～エの中から選んで、その記号を書きなさい。〈茨城県〉

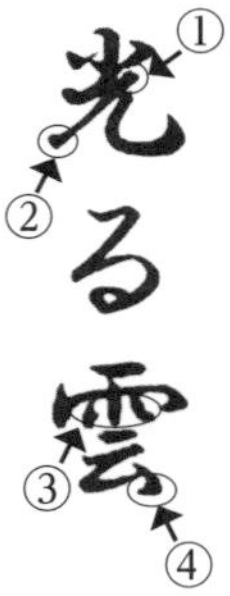

ア ①の部分は横画から左払いへ連続して書かれている。
イ ②の部分は左払いから縦画へ点画を省略して書かれている。
ウ ③の部分は点画を省略せずに筆脈を意識して書かれている。
エ ④の部分は横画から右払いへ連続して書かれている。

〔　　〕

1 四字熟語

四字熟語とは、漢字四字で構成され、慣用句のように意味がある熟語のこと。数字を含むものや、間違えやすいものに分けて覚えるとよい。

■ 数字を含む四字熟語

一喜一憂《いっきいちゆう》…ことに応じて喜んだり心配したりすること。
唯一無二《ゆいいつむに》…ただ一つで、二つとないこと。
二束三文《にそくさんもん》…量や数が多いのに、値段が非常に安いこと。
三日坊主《みっかぼうず》…物事に飽きやすくて、長続きしないこと。また、その人。
三寒四温《さんかんしおん》…冬に寒い日と温暖な日が交互に続く現象。
四角四面《しかくしめん》…非常に真面目で、堅苦しいこと。
四苦八苦《しくはっく》…非常に苦労すること。あらゆる苦しみ。
四方八方《しほうはっぽう》…あらゆる方向。
再三再四《さいさんさいし》…繰り返し何度も。
三三五五《さんさんごご》…三人ずつ五人ずつという風に、連れ立って歩くさま。
八方美人《はっぽうびじん》…誰からも悪く思われないようにふるまうこと、またその人。

ミス注意
数字を正確に覚えておくこと。ほかの四字熟語と混同しないように注意！

■ 漢字を間違えやすい四字熟語

言語道断《ごんごどうだん》…あまりにひどくて言いようのないこと。
→ ×言語同断
意味深長《いみしんちょう》…深い意味が込められていること。
→ ×意味慎重
絶体絶命《ぜったいぜつめい》…危険や困難からどうしても逃れられない状態。
→ ×絶対絶命
無我夢中《むがむちゅう》…一つのことに熱中して我を忘れること。
→ ×無我無中
異口同音《いくどうおん》…みんなが口をそろえて同じことを言うこと。
→ ×異句同音

ミス注意
漢字を間違えやすい四字熟語はたくさんある！
×一身同体→○一心同体　×心気一転→○心機一転
×半真半疑→○半信半疑　×誠信誠意→○誠心誠意

■ 読み方を間違えやすい四字熟語

十人十色《じゅうにんといろ》…人それぞれに性質や考え方が違うこと。
十中八九《じっちゅうはっく》…十のうち八か九。おおよそ。ほとんど。
千変万化《せんぺんばんか》…さまざまに変化すること。

入試問題で実力チェック！

解答解説 別冊 P.5

よくでる

1 「自分の都合のよいように言ったり、したりすること」という意味をもつ四字熟語を、次のア〜エから一つ選び、その記号を書きなさい。〈高知県〉

ア 大義名分　**イ** 我田引水
ウ 馬耳東風　**エ** 付和雷同

〔　　〕

2 次の文の□には、「物事が予定通りに調子よく進むこと」という意味をもつ四字熟語が入る。その四字熟語を、あとに挙げる漢字の中から四字を選び、適切に組み合わせて書きなさい。〈高知県〉

・彼は□な人生を送っている。

万・歩・順・調・準・風・班・夫・帆・船・満・序

□□□□

よくでる

3 次の文中の〔　〕にあてはまる最も適当なことばを、あとのアからエまでの中から選んで、そのかな符号を書きなさい。〈愛知県〉

彼のすばらしい演奏は、〔　〕にできるものではない。

ア 一朝一夕　**イ** 一喜一憂
ウ 一長一短　**エ** 一進一退

〔　　〕

4 次のA、Bの文中の□に共通して入る四字熟語を答えなさい。ただし、漢数字の「千」を含むものとする。〈山口県〉

A グローバル化に対する人々の意識は□であるため、議論が必要だ。

B 器の形は、それを作る職人によって□であり、それぞれに味わいがある。

□□□□

5 次のア〜エの四字熟語のうち、〈漢字〉・〈読み方〉・〈意味〉がいずれも正しいものを一つ選び、記号で答えなさい。〈鳥取県〉

〈漢字〉	〈読み方〉	〈意味〉
ア 言語道断	げんごどうだん	あまりにひどくて何とも言いようがないこと
イ 無我無中	むがむちゅう	ある物事に熱中して自分を忘れてしまうさま
ウ 以心伝心	いしんでんしん	言葉にしなくても相手と心が通じあうこと
エ 温故知新	おんこちしん	古い考えを捨てて新しい考えを取り入れること

〔　　〕

出題率
16.0%

1 敬語の種類

敬語は、話し手(文章の場合は書き手)が、聞き手(読み手)や話題に登場する人に対して敬意を表すために用いる言葉。敬語の種類を確認し、使い方を理解しよう。

■ 尊敬語

聞き手(読み手)や話題に登場する人に対して、その動作や状態、事物を直接的に高める敬意表現。

① 尊敬動詞を用いる

例 こちらにいらっしゃる。　食事を召し上がる。

② 尊敬の助動詞を用いる

例 先生が来られる。　お客さまが話される。

③ 「お(ご)+になる」「お(ご)+なさる」型を用いる

例 お話しになる。　ご利用になる。

④ 尊敬の表現・接頭語・接尾語を用いる

例 あなた　御社　山田様

ミス注意
必要以上に敬語を使わないようにしよう。

例 ×お画面のご資料をご覧ください。
→○画面の資料をご覧ください。

■ 謙譲語

自分や身内の動作や状態、事物をへりくだって言うことによって、聞き手(読み手)や話題に登場する人を間接的に高める敬意表現。

① 謙譲動詞を用いる

例 意見を申し上げる。　お宅に伺います。　作品を拝見します。

② 「お(ご)+する」「お(ご)+いたす」型を用いる

例 ご説明する。　お作りする。

③ 謙譲の接頭語・接尾語を用いる

例 弊社　粗品　愚息　寸志　私ども

よくでる
尊敬語と謙譲語の基本的な使い分け
・相手の動作→尊敬語を用いる。　・自分の動作→謙譲語を用いる。

■ 丁寧語

話し手(書き手)が、聞き手(読み手)に対して丁寧な言い方をする敬意表現。(一部の丁寧語を美化語ということもある。)

① 「です」「ます」を用いる

例 本を読みます。　これが私の傘です。

② 「ございます」を用いる

例 私が担当の山田でございます。

③ 丁寧の接頭語を用いる

例 お砂糖　お米　ご気分

入試問題で実力チェック!

解答解説 別冊 P.5

よくでる

1 ――線部「来る」を、意味を変えずに、「…のですか。」に続くように、敬語を用いて正しく直して書きなさい。〈茨城県・改〉

「ところで先生、このフォーラムには校長先生は来るのですか。」

〔　　　　〕のですか。

よくでる

2 次の文章は学校祭で放送する原稿の下書きである。――線部のうち敬語の使い方が正しいものをア〜エから一つ選びなさい。〈栃木県〉

> 来場の皆様にご連絡をなさいます（ア）。ご迷惑をおかけしました食堂の混雑が解消されましたので、ぜひご利用ください。すでに食券をお持ちで、まだ食事をいただいていない（イ）方は、ご注文の品と、お引き換えします（ウ）。なお、食券との引き換えは、午後二時までとなっていますので、お早めにお参りください（エ）。

〔　　　　〕

3 「召し上がる」と同じ種類の敬語を含む文を、次のア〜エから一つ選び、記号で答えなさい。〈鳥取県〉

ア 新年のあいさつを申し上げる。

イ 来週、図書館に本を返します。

ウ 資料をゆっくりとご覧になる。

エ 教授の家に、友人とうかがう。

〔　　　　〕

4 次の――線の部分について適切に説明したものはどれか。なお、A・Bは人物を表している。〈栃木県〉

昨日、AはBにお目にかかった。

ア 尊敬語で、Aへの敬意を表している。

イ 尊敬語で、Bへの敬意を表している。

ウ 謙譲語で、Aへの敬意を表している。

エ 謙譲語で、Bへの敬意を表している。

〔　　　　〕

よくでる

5 次の文章は、ある中学校の生徒が公民館の職員に宛《あ》てて書いた、お礼状の下書きの一部である。よく読んで、あとの問いに答えなさい。〈山口県〉

> よろしければ、今度、私たちがまとめたレポートを持って公民館に行きますので見てください。

「行きますので見て」について、ここで用いられているすべての動詞を、それぞれ適切な尊敬語または謙譲語に改めて、次の文の□に入るよう、五字以上十五字以内で答えなさい。

よろしければ、今度、私たちがまとめたレポートを持って公民館に□ください。

1 熟語の構成

二字熟語の構成を見分けるには、訓読みで読んで意味のつながりを確認することが有効である。三字以上の熟語の構成は、熟語に含まれる二字熟語を探して、見分け方のパターンを覚えるとよい。

■ 二字熟語の構成

①意味の似た漢字の組み合わせ

例 **道路**→「道」も「路」も「みち」を表す。

その他の例 永遠　河川　幸福　救助　など

②反対の意味の漢字の組み合わせ

例 **出納**《すいとう》→「出」は「出す」、「納」は「中に入れる」。

その他の例 左右　勝敗　自他　往復　など

③上の漢字が下の漢字を修飾する

例 **急行**→「急いで行く」(連用修飾の例)

親友→「親しい友」(連体修飾の例)

その他の例 最大　即決　強風　短歌　など

④下の漢字が上の漢字の目的や対象となる

例 **読書**→「書を読む」(下から上に返って読む)

その他の例 乗車　登山　決意　習字　など

⑤主語と述語の関係

例 **市営**→「市が営む」

その他の例 国立　日没　雷鳴　腰痛　など

⑥上の漢字が下の漢字を打ち消す

例 **非常**→「常に非《あら》ず」

その他の例 不便　未知　無力　など

このほかに次のようなパターンもある。

a　接尾語が付くもの　例 理性　整然　私的

b　同じ漢字を重ねたもの　例 常々　営々

c　長い熟語を省略したもの　例 国連(国際連合)

■ 三字熟語の構成

①□／□□のパターン

(1)　上の一字が下の二字を修飾する。

例 **大自然**→「大きな自然」

(2)　上の一字が下の二字を打ち消す。

例 **非常識**→「常識に非ず」

②□□／□のパターン

例 **運動会**→「運動をする会」

③□／□／□のパターン

例 **衣食住**→「衣」と「食」と「住」

入試問題で実力チェック！

解答解説 別冊 P.6

1 「不機嫌」と同じ構成の熟語を一つ選び、記号で答えなさい。〈静岡県〉

ア 不審者　**イ** 不可欠　**ウ** 不手際《ふてぎわ》　**エ** 不燃物

〔　　〕

2 「長距離」と熟語の組み立てが同じものはどれか。最も適切なものを次のア～エの中から一つ選び、その記号を書きなさい。〈三重県〉

ア 好条件　**イ** 国際的　**ウ** 松竹梅　**エ** 自由化

〔　　〕

3 「遠近」と同じ組み立ての熟語を、次のア～エの中から一つ選び、その記号を書きなさい。〈高知県〉

ア 雅俗　**イ** 人造　**ウ** 遷都　**エ** 歓喜

〔　　〕

4 「停止線」と熟語の組み立てが同じものはどれか。〈栃木県〉

ア 急上昇　**イ** 幼稚園　**ウ** 半永久　**エ** 心技体

〔　　〕

よくでる

5 学習と同じ構成の熟語を、ア～エから選び、符号で書きなさい。〈岐阜県〉

ア 思考　**イ** 苦楽　**ウ** 最高　**エ** 乗馬

〔　　〕

よくでる

6 報告の熟語の構成を説明したものとして最も適当なものを、次のⅠ群ア～エから一つ選べ。また、報告と同じ構成の熟語を、後のⅡ群カ～ケから一つ選べ。〈京都府〉

Ⅰ群

ア 上の漢字が下の漢字を修飾している。
イ 上の漢字と下の漢字の意味が対になっている。
ウ 上の漢字と下の漢字が似た意味を持っている。
エ 上の漢字と下の漢字が主語・述語の関係になっている。

Ⅱ群

カ 添付　**キ** 脇道　**ク** 日没　**ケ** 緩急

Ⅰ群〔　　〕　Ⅱ群〔　　〕

よくでる

7 熟語の構成が他と異なるものを、ア～オの中から一つ選びなさい。〈福島県〉

ア 両者　**イ** 語源　**ウ** 思想
エ 一端　**オ** 他方

〔　　〕

8 次のア～オの四字熟語のうち、「悪戦苦闘」のように、意味の似た二字熟語を重ねたものをすべて選び、記号で答えなさい。〈鳥取県〉

ア 公明正大　**イ** 自画自賛　**ウ** 起承転結
エ 意気消沈　**オ** 唯一無二

〔　　〕

【説明的文章】【文学的文章】内容理解

出題率 97.3%

1 内容理解

文脈を正確に追うことが内容理解の最大の方法である。文章を細かく読み解く力が大いに必要になる。

■ キーワードに着目

文章に繰り返し使われる言葉をキーワードという。キーワードは、その文章を理解するうえで大変重要である。説明的文章では、この語句をもとに展開される筆者の考えを読み取ることが要求される。文学的文章では話題の中心を読み取ることも重要である。

よくでる
文章の全体を見渡して、「目立つ言葉」をおさえよう。

■ 具体例・言い換え表現に着目

筆者（または作者）が、自分の文章をできるだけわかりやすくしたり、印象的にしたりするために、言い換えや具体例を使っている箇所に注目する。

※具体例や言い換え表現がある場合、その前後には文章の中心的な内容が書かれている可能性が高い。

■ 「AはBだ」の形にまとめる

説明的文章の場合、その文章の中で話題の中心になっているものについて、筆者がどう考えているのか、簡潔な言葉で把握することが必要である。そこで、文章を「AはBだ」という形にまとめてみるとよい。Aには、論じられている材料、Bには筆者の考えを圧縮して入れてみよう。

例
・科学技術（A）とは、人々の生活時間を伸ばすための発明（B）だ。
・宇宙開発（A）にも心が必要（B）だ。

ミス注意
そのあとに大切なことが述べられることを示す「逆接の接続語」（例 しかし）や、「言い換えの接続語」（例 つまり）などには、特に注意をはらって読み進めよう。

■ 説明的文章でよくでるテーマ

「科学技術と人間」、「言葉の役割」、「日本人・日本文化」などがよく出題される。「日本人・日本文化」では、日本と他の国との比較でどういったところが違うのかに注目しよう。

よくでる
内容理解の問題は、
・本文の内容に合致する、または誤りの選択肢を選ぶ。
・――線部の内容を説明する。
・なぜそういえるのか（そうするのか）の理由を説明する。
・考え方の根拠を説明する。
などの形で、よく出題される。

入試問題で実力チェック！

解答解説 別冊 P.7

1

次の文章を読んで、あとの問いに答えなさい。〈滋賀県〉

美しさは創造の領域に属するものと考えられがちだが、何かを生み出すのではなく、ものを掃き清め、拭き清めて、清楚《せいそ》を維持するという営みそのものの中に、むしろ見出《みいだ》されるものではないかと最近では思うようになった。特に、禅宗の寺や庭などに触れるにつけ、その思いは強くなる。禅寺の庭が美しいのは、作庭家の才につきるものではない。むしろ常に掃き清められ、手をかけられているがゆえの美しさとも見える。それも一年や二年の清掃ではなく、長い年月を経て、清掃に清掃を重ねてくることで、自然と人間の営みの、どちらともつかない領域におのずと生まれてくる造形の波打ち際《ぎわ》のようなものが、庭というものの本質をなしているように感じられるのだ。

自然とは変化するものであり、人為を超えて強靭《きょうじん》で、それは人間の思惑のうちにとどまらない。岩や地面には苔《こけ》が生じ、落ち葉は堆積して新たな土を作る。自然の贈与を受け入れることは、待つということである。長い時間の果てに、人為ではとうてい届かない自然の恵みに浴すことが出来る。

（原研哉《はらけんや》「白」より）

正答率 63.8%

問 ――線部「自然の贈与を受け入れること」と同じ内容が書かれている部分を、文中から十字以内で書き抜け。

2

次の文章を読んで、あとの問いに答えなさい。〈千葉県〉

「論理」とは何だろうか。

ひとことで言えば、「論理」とは、言葉が相互にもっている関連性にほかならない。しかし、そのことの説明を続ける前に、まずは論理に対するひとつの一般的な誤解を解いておこう。

一般に、論理力というのはすなわち思考力だと思われているのではないだろうか。「論理的思考力」とか「ロジカル・シンキング*」といった言葉がよく聞かれるように、論理とは思考に関わる力だと思われがちである。だが、そこには誤解がある。論理的な作業が思考をうまく進めるのに役立つというのはたしかだが、論理力は思考力そのものではない。

思考は、けっきょくのところ最後は「閃《ひらめ》き」（飛躍）に行き着く。そのために、グループで自由にアイデアを出し合う、いわゆるブレーン・ストーミング*などを行《おこ》なったりもする。

（野矢茂樹《のやしげき》「新版　論理トレーニング」より）

*ロジカル・シンキング…論理的な考え方と、その技法。
*ブレーン・ストーミング…自由に意見を出し合って、独創的な発想を引き出す方法。

正答率 79.5%

問 ――線部「一般的な誤解」の内容として最も適当なものを、次のア～エの中から一つ選べ。

ア 論理力を思考力と同じものとして考えること。
イ 自由な思考の本質は論理だと取り違えること。
ウ 論理力を言葉同士の関連性だととらえること。
エ 論理的な作業には思考力が必要だとすること。

〔　　〕

3 次の文章を読んで、あとの問いに答えなさい。〈東京都〉

本来は自然界で使われることのなかった化石燃料のエネルギーを使うことは、*エコシステムという複雑適応系にどのような影響を与えるのか。多様な種が相互作用して成り立っているエコシステムの中で、生物多様性を減少させていくと、システムはどうなるのか。このような大きな問題の認識が、「持続可能性」という概念を生じさせた。それは、単なる環境中の毒物の規制や特定絶滅危惧種の捕獲禁止などではなく、より広く、この複雑適応系を崩壊させずに、なるべく現在の豊かさを保ったまま次の世代の人間たちに受け渡していくにはどうすればよいのかという、より広い視点での環境問題のとらえ方であろう。

エコシステムにおけるエネルギーと物質の流れが何億年という時間の中で作られてきたことを考えれば、人間は、生物進化の歴史の中ではほんの一瞬とも言える年月の間に、大量のエネルギーを使い、いろいろな物質の循環を乱している。地球の複雑適応系はどうなるのだろうか。生物間の相互作用が非常に複雑にからみあった結果としてエコシステムがあるならば、その内部に存在する多くの種を絶滅させ、食物網を単純化させていくと、システムはどこに向かうのだろうか。これを続けていってシステムが激変を起こすようであれば、持続可能とは言えない。

地球の生態系は、人間の生存に適するように作られているわけではない。たまたま、現在の人間が、現在の生態系に適応して生きてきただけだ。地球生態系は、何があろうと、いろいろな変化を経て持続していくだろう。その意味で、地球生態系の持続可能性が問題なのではない。問題は、人間という生物が心地よく生きていけるような環境の持続可能性だ。そのような環境状態は、永遠に続くものではない。人間自身が環境を変化させることにより、その状態は変わってしまうかもしれない。人間の生存に適した環境をのちの世代まで続けて残していくことが、持続可能性の考えの根幹である。

（長谷川《はせがわ》眞理子《まりこ》「生態学から見た持続可能な社会」より）

*エコシステム…生態系。

ハイレベル　正答率27.1%

問 ——線部「これを続けていってシステムが激変を起こすようであれば、持続可能とは言えない。」とあるが、筆者がこのように述べたのはなぜか。最も適切なものを、次のア～エの中から一つ選べ。

ア 人間が大量のエネルギーを使うことによって物質の循環を乱すと、地球生態系は持続できなくなってしまうと考えたから。

イ 種の絶滅によって地球環境が変化しなかったとしても、人間は現在の生態系にいつまでも適応できるとは限らないと考えたから。

ウ エコシステムの中にある生物種が減少して食物網が単純化すると、地球環境がどのように変化するのか予測できなくなると考えたから。

エ 人間は現在の生態系に適応して生きているが、環境を大きく変化させると人間の生存には適さない環境になってしまうと考えたから。

〔　　〕

4 次の文章を読んで、あとの問いに答えなさい。〈栃木県〉

小学四年生の航輝《こうき》は、船乗りである父と、母、小学一年生の妹莉央《りお》の四人家族である。三か月間の航海から戻った父は、家族と久しぶりの夕食時、重大発表があると言った。

「異動が決まってな。お父さん、陸上勤務になったんだ。これからは毎日、家に帰れるぞ。」

それは予想外の告白で、航輝は言葉の意味を理解するのに時間がかかってしまった。

――お父さんが、船を降りる？

「あらまあ、本当なの？」

信じられないとでも言いたげな母に、父は深々とうなずく。

「この一か月の休暇が終わったら、営業の仕事に回されることになった。そのままずっと陸上勤務というわけでもないんだが、少なくとも向こう何年かは船に乗ることはない。」

父の勤める海運会社は内航*を中心としているが、営業などの部門で陸上勤務に従事する社員もいる。どうやら父は、ひそかに異動願《ねがい》を提出していたらしい。

「それで、勤務先は……。」

母が訊《たず》ねると父は、それなんだが、とちょっと言いにくそうにした。

「名古屋営業所なんだ。これから一か月で引っ越さなくちゃならない。」

「名古屋！　そんなこと、急に言われても困るじゃないの。どうしてあらかじめ相談してくれなかったのよ。」

「いや、俺もこんなにすぐ陸上勤務になれるとは思ってなかったんだ。ほんのひと月ほど前、試しに異動願を出してみたんだが、まさか即採用されるとはなあ。」

「莉央、転校するの？　いやだ！」

非難がましい母に追従するように、妹の莉央も甲《かん》高い声を発する。

父はばつが悪そうにビールを一口すすり、後頭部をかいた。

「これから家族で一緒に過ごせること、少しは喜んでもらえると思ってたんだがなあ。」

気まずい沈黙の中、航輝は父にかけるべき言葉を探していた。

（岡崎琢磨《おかざきたくま》「進水の日」より）

＊内航…国内の港の間で貨物輸送すること。

よくでる　**問**　――線部「父はばつが悪そうにビールを一口すすり、後頭部をかいた」とあるが、なぜか。四十五字以内で書け。

【文学的文章】心情理解

出題率
66.0%

1 心情理解

心情とは、ある出来事や考えなどによって起きる、または変化する登場人物の気持ちのことである。

■ 登場人物の行動・様子・会話に着目

心情は、行動や様子に直接的な形で表される。また会話では、心情をそのまま話すことも多い。特に感情を表す言葉に着目して読み進めよう。文中に**心情を表す表現**があれば、マークしておく。

例 「つらく悲しかった」「しぶしぶ同意した」「明るい声で笑った」「青筋を立てて激しく怒った」など。

よくでる 地の文で出来事のあらましを把握し、会話文から登場人物の心情を読み取るなど、読み方を工夫してみよう。

■ 登場人物の心の動きに着目

登場人物の心の内面を直接表現する言葉はもちろん、登場人物の心の動きを表し、人物の心情をうかがわせるような**心情に関わる言葉**もマークして読もう。

例 「父の言った〜という言葉は、いつまでも私の心に重く沈んだままだった」「私は少し成長した気分になった」など。

■ 心情の変化に着目

物語の展開（時間の経過、新しい出来事の発生、新しい人物の出現など）によって**心情は変化**する。こうした変化を的確にとらえることが大切である。

■ 情景描写に着目

物語に描かれる情景が、そのときの登場人物の心情を語っていることがしばしばある。**情景描写を見のがさない**ようにしよう。

例 「新平の歩く方向に、五月の抜けるような青空が広がっていた。」
↓**晴れやかな気持ちを表現。**
「魚には逃げられる。おまけにぽつぽつ雨まであたってきた。」
↓**わびしい気持ちを表現。**

■ 文学的文章でよくでるテーマ

「学校・部活・友情」、「家庭」、「人物の成長」などがよく出題される。

よくでる 登場人物の心情を問う問題は、心情に関連する出来事と心情を反映する表現をもとに答える。

入試問題で実力チェック！

解答解説 別冊 P.8

1 次の文章を読んで、あとの問いに答えなさい。〈広島県〉

窓の外は雨だった。もう三日も降り続いている。今朝は久しぶりに雲がきれ、青空がのぞいていた。このまま晴れるかもしれないと期待していたのに、お昼近くになって、また、ぽつりぽつりと雨が降り出したのだ。昼休みが終わろうとしている今、雨脚はさらに強く、風まで出てきた。まだ五月半ばだというのに、一年二組の教室はむっとするほど暑く、座っているだけで汗がにじむ。たぶん、雨の湿気のせいだ。からっと晴れてくれたらいいのに。藤野《ふじの》美月《みつき》はガラスに流れる雨粒を見ながら、小さくため息をついた。

お父さんの仕事のつごうで、小学校を卒業してすぐに、このS市に引っ越してきた。引っ越してきて三日目が中学校の入学式だった。お母さんは、入学式の後、毎日のように早くお友だちを作りなさいと言っている。引っ込み思案な美月を心配してのことだ。よくわかっているけれど、言われる度に美月の胸はちくちく痛むのだ。友だちなんて、そんなに簡単に作れるものじゃないよ。お母さんにそう伝えたい。美月だって、同じクラスの人とちょこちょこと話をしたり、「おはよう」や「さようなら」のあいさつぐらいはする。でも、ほんとうの友だちなんて誰とでもなれるものじゃない。恵美菜《えみな》、どうしているかな。牧原恵美菜の丸い顔が浮かんでくる。引越し、そして転校が決まったとき、恵美菜と別れなければならないことが何より悲しかった。耐えられないぐらいつらかった。悲しくて、つらくて、さびしくて、心細くて、布団《ふとん》をかぶってわんわん泣いた。それなのに恵美菜は笑いながら、「もう中学生だもんね。それぞれ、新しい学校でガンバレってことなのかもね。うん、そうだよ、美月。おたがいガンバローだ。」なんて、言ったのだ。いっしょに悲しんでくれる、「行かないで。」と泣いてくれると信じていたのに。恵美菜はあたしとちがって、明るいし、誰とでもすぐ打ち解けられるし、はきはきしている。友だちだって他にもたくさんいる。あたしがいなくなっても、さびしくないんだ。そう思うと胸の中に冷たい風が吹き通っていくような気がした。恵美菜が急に遠ざかった気がした。それから、あまり口もきかないまま別れてしまった。S市に来て一ヶ月以上が過ぎたけれど、恵美菜には手紙も出していないし、電話もしていない。住所も電話番号も知らせていないから、恵美菜から連絡がくることもない。

（あさのあつこ「おまもり」より）

よくでる

問 ――線部「また、ぽつりぽつりと雨が降り出したのだ」とあるが、これは美月のどのような気持ちを表現していると考えられるか。最も適切なものを、次のア～エの中から選べ。

ア 満足　**イ** 爽快《そうかい》

ウ 後悔　**エ** 憂鬱《ゆううつ》

［　　　］

2 次の文章を読んで、あとの問いに答えなさい。〈千葉県〉

> 江戸時代後期、高級織物店の工場に機械を導入し、若い娘を多く雇った店主の清助は、活気があった娘たちの異変に気がつく。仕事経験の豊富な二人の娘に事情を聞くと、遠慮がちに話した内容は、意外なものであった。

「機械に使われているのが面白くない?」

「そうです。ですから、みんなが考えている織物に対する気持ちがひとつも作られた物に反映されません」

「どういうことだ?」

清助は座り直した。おみつとおたかの話が、意外と深い真実性を含んでいるような気がしたからだ。これは人の話に対する予感だ。こういうところが、学者商人といわれた彼の特性でもあった。書物で学んだことは、必ずしも清助を頭でっかちにはしなかった。清助は、

「書物に書かれていることも、今の世に生きている人間の生き様を教える教科書なのだ」

と思っていた。だからおみつとおたかの口調の底に、容易ならざるものを彼は感じ取った。

おみつとおたかはこもごも話し始めた。

「このお店では、確かにご主人のお気持ちによって、図案、糸染め、*撚糸《ねんし》、機織などに仕事が分担され、それぞれ自分がやりたいと思う仕事をやれるようになっています。それはたいへんうれしいことです。でも、全体の束ねをしているのは機械で、人間ではありません。ですから、図案や糸染めや撚糸や機織をする時にも、みんな頭の一部に常に機械を意識しています。機械の機嫌を損ねてはいけない、機械のやることを邪魔してはいけない、機械のやる通りにこっちの仕事を合わせよう、という具合になっています。そうなると、みんながそれぞれ工夫したいことも、全部死んでしまいます。一番いけないのは」

ここでおみつは一旦言葉を切った。清助がきいた。

「一番いけないのは?」

「この工場で作られる織物が、お客様の立場に立っていないことです」

（童門冬二《どうもんふゆじ》「学者商人と娘仕事人」より　一部改変）

*撚糸…糸状のもの何本かをねじり合わせて一本の糸を作ること。

問 ——線部「清助は座り直した」とあるが、そのときの清助の気持ちとして最も適切なものを次のア〜エのうちから一つ選べ。

ア 驚きと怒りを必死で抑えている。
イ 二人を見くびり軽く扱っている。
ウ 話が理解できず途方に暮れている。
エ 真剣に耳を傾けようとしている。

〔　　　〕

3 次の文章を読んで、あとの問いに答えなさい。〈広島県〉

文化祭で歌う『遠い日の歌』の、ソプラノのパート練習。オルガンで音を取りながら、一度通して歌い、二度目の練習に入る。すると、途中で、教室の後ろのドアが開いて、ソプラノのパートリーダーである琴穂《ことほ》が顔を出した。「ごめん！　部活の片づけで遅れちゃった。」オルガンを囲んでいたソプラノの女子が一斉に歌うのをやめて、声の方向を見る。琴穂が顔の前で手を合わせて「ごめんごめん。」と言いながら駆け寄ってくる。「本当にごめんね。今どこ歌ってた？」「──いいよ、もう一度最初からやろう。」すぐに練習が再開され、琴穂も加わったが、歌い始める前に、マチの後ろで「琴穂ちゃん、いつも遅れてくるよね。」という小さな声が聞こえた。自分のことではないけど、ドキンとする。聞いてはいけない気がするのに、耳が勝手に声の続きを聞いてしまう。「リーダーなのに、やる気あるのかな。」琴穂は、朝練習を遅刻することが多い。その上、放課後も部活を理由に早めに練習を切り上げ、他のみんなを残して先に教室を出て行ってしまうことがよくあった。

歌った後で、それぞれグループごと、自分たちの歌の悪い部分について話し合う。教室の隅から、アルトの女子の声が聞こえてくる。自分たちのソプラノより歌声がまとまっているように聞こえて、このままじゃ合わせて練習したときに声量が負けてしまうのではないか、つられてしまうのではないかと心配だ。アルトのリーダーであるみなみの声が一際《ひときわ》よく聞こえる。

マチがみなみの方を見ていると、琴穂が「ねえねえ。」と話しかけてきた。てっきり合唱に関することだろうと振り向くと、小声になって関係のない話をする。ふいに、マチの胸の中でたくさんの感情が一度に揺れ動いた。『リーダーなのに、やる気あるのかな。』さっき聞いたばかりの声を思い出したら、悲しくなった。本音を言えば、琴穂に真剣に練習して欲しいのはマチも同じだ。「ちゃんと練習、しようよ。」とっさに飛び出した声が我ながら冷たく聞こえて、驚いた。琴穂が「え。」と短く声を出す。きょとんとしたその表情を見たら、もう一押し、声が止まらずに出てしまった。「しっかりやろうよ。琴穂、遅れてきたのに、関係のない話したり、全然、みんなに悪いと思ってる様子がないよ。」琴穂が目を見開いた。ショックを受けたのだと、表情でわかった。わかった途端、喉元が苦しくなって、それから全身が熱くなる。顔を伏せて、琴穂から離れた。ややあって、背後から「わかった。」と琴穂の声が答えた。思いがけず素直な声だったせいで、琴穂が沈んだ様子なのが、振り返らなくても伝わってくる。

（辻村《つじむら》深月《みづき》「サクラ咲く」より）

ハイレベル　正答率17.6%

問　──線部「琴穂ちゃん、いつも遅れてくるよね」には、琴穂に対するどのような気持ちが表れているか。十字以内で書いて答えよ。

【説明的文章】【文学的文章】会話文の内容理解

出題率
47.3%

1 会話文の内容理解

本文と、本文を読んだ人物たちの会話文で構成された、近年よく見られる形式の問題である。複数の素材文を読み比べ、照らし合わせて解くことがポイントとなる。

■ 本文と会話文を読み比べる

まず本文を読み、説明的文章なら主題や要旨、文学的文章なら登場人物の心情を大まかに把握する。

次に会話文を読む。会話文は、本文についての意見や質問を含むものがほとんどで、本文と併せて読むことによって、内容をより深く理解することができる。

■ 会話文の特徴

会話文とは、「他者とのコミュニケーション」の様子が書かれたものである。この形式の問題では、「言葉によって伝え合う力」や、「文章構成や表現などについて評価する力」が求められている。

本文と会話文を組み合わせた問題では、会話文は本文の流れに沿って、内容について話し合う形で進んでいく。そのため、基本的には本文の冒頭から順に、戻ることなく参照していけばよい。

■ 対策

普段の学習から、文章の構成や表現の意図を考えながら、文章を読み取る習慣を身につける。そして、自分が読み取ったことを他者に伝えるためには、どのように表現すればよいのかを考える。

問題を解く際には、会話文に出てきた言葉を本文から探して、必要な情報を抽出していく。そして、再び会話文に戻って設問に答える。「本文→会話文→本文→会話文」という手順を意識しよう。

ミス注意

会話文の空欄を補充する問題では、その前後だけではなく、文章全体を確認すること。単独で見れば正解と思える答えでも、会話の流れとして適切ではない場合がある。

選択肢そのものが会話文になっている問題もある。普通の文よりも情報を読み取りにくく、互いの発言が関係しあっている場合もあり、注意が必要となる。

よくでる

会話文の言葉を手がかりにすれば、本文の参照すべき部分をほぼ特定できる場合が多い。

入試問題で実力チェック！

解答解説 別冊 P.9

1 次の文章を読んで、あとの問いに答えなさい。〈大分県〉

高校一年生の「松岡清澄《まつおかきよすみ》（キヨ）」は刺しゅうが趣味であることを周りから理解されず、友達ができなかったが、高校で知り合った「宮多《みやた》」と仲良くなる。ある日、ひとりで刺しゅうの本を読んでいたところ、同じ中学校から進学した男子に冷やかされた。その日の帰り道、同級生の「くるみ」が声をかけてきた。


「あんまり気にせんほうがええよ。山田《やまだ》くんたちのことは。」

「山田って誰？」

僕の手つきを真似《まね》て笑っていたのが山田某《なにがし》らしい。

「私らと同じ中学やったで。」

「覚えてない。」

個性は大事、というようなことを人はよく言うが、学校以上に「個性を尊重すること、伸ばすこと」に向いていない場所は、たぶんない。*柴犬《しばいぬ》の群れに交じったナポリタン・マスティフ。あるいはポメラニアン。集団の中でもてはやされる個性なんて、せいぜいその程度のものだ。犬の集団にアヒルが入ってきたら、あつかいに困る。

アヒルはアヒルの群れに交じれば見分けがつかなくなる。その程度のめずらしさであっても、学校ではもてあまされる。浮く。くすくす笑いながら仕草を真似される。

「だいじょうぶ。慣れてるし。」

けど、お気遣いありがとう。そう言って隣を見たら、くるみはいなかった。数メートル後方でしゃがんでいる。灰色の石をつまみあげて、しげしげと観察しはじめた。

「なにしてんの？」

「うん、石。」

うん、石。ぜんぜん答えになってない。入学式の日に「石が好き」だと言っていたことはもちろんちゃんと覚えていたが、まさか道端の石を拾っているとは思わなかった。

「いつも石拾ってんの？　帰る時に。」

「いつもではないよ。だいたい土日にさがしにいく。河原とか、山に。」

「土日に？　わざわざ？」

「やすりで磨くの。つるつるのぴかぴかになるまで。」

放課後の時間はすべて石の研磨にあてているという。ほんまにきれいになんねんで、と言う頬《ほお》がかすかに上気《じょうき》している。

ポケットから取り出して見せられた石は三角のおにぎりのような形状だった。たしかによく磨かれている。触ってもええよ、と言われて、手を伸ばした。指先で、しばらくすべすべとした感触を楽しむ。

「さっき拾った石も磨くの？」

くるみはすこし考えて、これはたぶん磨かへん、と答えた。

「磨かれたくない石もあるから。つるつるのぴかぴかになりたくないってこの石が言うてる。」

石には石の意思がある。駄洒落《だじゃれ》のようなことを真顔で言うが、意味がわからない。

「石の意思、わかんの？」

「わかりたい、といつも思ってる。それに、ぴかぴかしてないときれいやないってわけでもないやんか。Xごつごつのざらざらの石のきれいさってあるから。そこは尊重してやらんとな。」

じゃあね。その挨拶があまりに唐突でそっけなかったので、怒ったのかと一瞬焦《あせ》った。

「キヨくん、まっすぐやろ。私、こっちやから。」

川沿いの道を一歩踏み出してから振り返った。ずんずんと前進していくくるみの後ろ姿は、巨大なリュックが移動しているように見えた。

石を磨くのが楽しいという話も、石の意思という話も、よくわからなかった。わからなくて、おもしろい。わからないことに触れるということ。似たもの同士で「わかるわかる」と言い合うより、そのほうが楽しい。

ポケットの中でスマートフォンが鳴って、宮多からのメッセージが表示された。

「昼、なんか怒ってた？　もしや俺あかんこと言うた？」

違う。声に出して言いそうになる。宮多はなにも悪いことをしていない。ただ僕があの時、気づいてしまっただけだ。自分が楽しいふりをしていることに。

いつも、ひとりだった。

教科書を忘れた時に気軽に借りる相手がいないのは、心もとない。ひとりでぽつんと弁当を食べるのは、わびしい。でもさびしさをごまかすために、自分の好きなことを好きではないふりをするのは、好きではないことを好きなふりをするのは、もっともっとさびしい。

好きなものを追い求めることは、楽しいと同時にとても苦しい。その苦しさに耐える覚悟が、僕にはあるのか。

文字を入力する指がひどく震える。

「ちゃうねん。ほんまに本読みたかっただけ。刺しゅうの本。」

ポケットからハンカチを取り出した。祖母に褒められた猫の刺しゅうを撮影して送った。すぐに既読の通知がつく。

「こうやって刺しゅうするのが趣味で、ゲームとかほんまはぜんぜん興味なくて、自分の席に戻りたかった。ごめん。」

ポケットにスマートフォンをつっこんだ。数歩歩いたところで、またスマートフォンが鳴った。

「え、めっちゃうまいやん。松岡くんすごいな。」

そのメッセージを、何度も繰り返し読んだ。

わかってもらえるわけがない。どうして勝手にそう思いこんでいたのだろう。

今まで出会ってきた人間が、みんなそうだったから。Yだとしても、宮多は彼らではないのに。

いつのまにか、また靴紐《くつひも》がほどけていた。しゃがんだ瞬間、川で魚がぱしゃんと跳ねた。波紋が幾重《いくえ》にも広がる。太陽の光を受けた川の水面《みなも》が風で波打つ。まぶしさに目の奥が痛くなって、じんわりと涙が滲《にじ》む。

（寺地《てらち》はるな「水を縫う」より　一部改変）

＊柴犬…犬の種類の一つ。「ナポリタン・マスティフ」「ポメラニアン」も同様。

思考力

問 Aさんの班では、「くるみ」や「宮多」との関わりから捉えた「キヨ」の心情の変化について、——線X・Yに着目して意見を交わした。次はその一部である。これを読んで、あとの問いに答えなさい。

Aさん—私は、「キヨ」の心情の変化には、「くるみ」の存在が関わっていると思います。「くるみ」は石を磨くに当たって、すべての石を同じように磨くのではなく、「石の意思」を分かろうとしたり、——線Xにあるように「ごつごつのざらざらの石のきれいさ」など、石のもつ[①]を大切にしようとしたりする人物です。その「くるみ」と帰りに話をしたことによって、「キヨ」が自分の[①]に目を向けることになり、「宮多」に刺しゅうの写真を送信する行為につながったのではないかと思います。

Bさん—確かに「くるみ」の存在は「キヨ」にとって大きいと思います。「くるみ」と同様に「キヨ」の心情の変化に影響を与えた人物として「宮多」も挙げられると思います。——線Yの「だとしても、宮多は彼らではないのに」には、「宮多」なら、[②]という「キヨ」の期待がこめられているように感じます。

Cさん—「キヨ」がそのように期待したのは、スマートフォンでのやり取りで、「宮多」が「すごいな」と返信してくれたことがうれしかったからなのでしょうね。

Bさん—そうですね。「キヨ」が「宮多」とのやり取りでうれしさを感じていることは、「メッセージを、何度も繰り返し読んだ」という行動からも読み取ることができます。

(1) [①]に共通して当てはまる言葉として最も適当な一語を、本文中から抜き出せ。

(2) [②]に当てはまる言葉を、本文中の言葉を使って、二十五字以上三十五字以内で書け。

【説明的文章】【文学的文章】脱文挿入・語句挿入

出題率
42.0%

よくでる

脱文挿入の問題では、文章を丁寧に読んで脱文が入る場所を探すと時間がかかってしまうことが多い。入試は問題を解くスピードも大切なので、脱文そのものに着目して戻す場所のおおよその見当をつけるとよい。

1 脱文挿入のポイント

文章中から抜き出された一文（脱文）を、本来あるべき場所に戻す問題である。脱文と文章全体の両方の正確な読み取りが求められるが、問題を解くときには、脱文の内容について、以下に示すポイントに注目すること。

■ 冒頭にある指示語や接続語に注目

脱文の冒頭に指示語や接続語がある場合は、直前の文章に何が書かれているかについて、その指示語や接続語から類推することができる。

■ 文末表現に注目

脱文の文末表現から、直前の文章との関係が読み取れる場合がある。

例 文末が、「〜からだ。」→直前の文章中に、脱文が理由や根拠となるような内容があると考えられる。

■ キーワードや似た意味の言葉に注目

脱文の中にある言葉が、脱文の入る箇所の前後の話題になっていることがある。何度も出てくる同じ言葉があれば注意する。

2 語句挿入のポイント

文章中に設けられた空欄に、適切な語句を補う問題である。選択肢から選ぶ形式、文章中からあてはまる語句を抜き出す形式、記述させる形式など様々ある。

■ 空欄の前後の文脈から考える

空欄の前後の内容からあてはまる言葉をとらえる。慣用句や四字熟語などの知識が必要な場合もある。

例 また妹とけんかをした。（　　）の仲と言われるのも仕方ない。
→答え「犬猿《けんえん》」

空欄のすぐそばの文章だけではなく、少し離れた部分の文脈の読み取りが必要な問題もある。

■ 空欄の前後に自然につながるか確認する

言葉をあてはめて、自然につながるかどうかを確かめる。文法的におかしくないかどうか、話の流れに沿っているかどうかを必ず確認しよう。

解答解説 別冊 P.9

1 次の文章を読んで、あとの問いに答えなさい。〈栃木県〉

科学が発達していなかった工業化以前の社会では、道具や生活用品はすべて手づくり生産であり、デザインという概念はもちあわせていなかった。道具や器の形は必然的に使いやすく、使用目的に合致したものでなければならず、結果的に長い時間をかけて少しずつ無駄のない形に改良されていった。これは機能を追求した形となり、結果的にどれもが美しいのである。

これはまさしく風化した岩石が川に流れ、下流にいくにしたがい小さくなり、角がとれて滑らかな形となるプロセスと同じである。

こうして生々流転《るてん》をくり返しながら、絶えず移り変わる大自然の法則によって、万物の形が形成されていくのである。自然を支配する見えない秩序の法則が、それぞれの形を美しくつくりあげるように、もっと人間は□になってこの自然界の造化の原理を、ここで再び見直すべきではないだろうか。

つまり自然がつくりだす形が美しいのは、自然の法則に逆らわず、気の遠くなるような長い時間的な経緯を経て、少しずつ改良されていく機能を満たした形であり、結果的に無駄のない形となるから、ということができる。それゆえ、私たちはもっと自然の存在を真摯に受け止め、かつて先人たちが自然を美の発想の原点としたように、自然がつくりだした形や色・テクスチャ*から形の美を探るべきであろう。

（三井《みつい》秀樹《ひでき》「形の美とは何か」より）

*テクスチャ…質感。

よくでる **問** □に入る語として最も適当なものを次のア～エから選べ。

ア 傲慢　イ 寛大　ウ 貪欲　エ 謙虚　〔　　〕

2 次の文章を読んで、あとの問いに答えなさい。〈京都府〉

ギブすることは、要するに何かを「贈る」ことです。人間社会において他者に何かを贈るという慣習は、古今東西、幅広く見られます。一九二四年、*マルセル・モースはさまざまな伝統的な社会の慣習を分析し、贈り物は一方的に贈られるだけでなく、それを受けとること、そして返礼すること。この三つが義務として行われており、それらが連鎖することで社会システムがつくりだされていることを見いだしました。

この力は伝統的な社会に限らず、現代でもはっきりと生き残っています。日本の年末年始に親しい関係で行われるお歳暮や年賀状なども、相互に敬意を取り交わしながら贈りあうことで共同体のつながりを意図的につくりだすための仕組みです。もっと身近な例で言えば、誰かの誕生日をSNSなどを通じて知ったときに送る、ささやかなバースデーメッセージも含まれるでしょう。ちょっと考えれば、もらった側には、嬉《うれ》しさだけでなく、同時にお返しのあいさつをしなくては、という気持ちが生まれることに気づくでしょう。こういった仕組みを見ると、社会の中には□だけでは説明できない、かかわりあいを長期的に成り立たせる力が働いていることが分かります。こうした贈与の力（＊≒互酬的な関係性）は、実は近代的な市場経済よりはるかに古い歴史を持つ、人間社会の基盤的なものです。

（上平崇仁《かみひらたかひと》「コ・デザイン」より　一部改変）

＊マルセル・モース…フランスの社会学者、民族学者。
＊≒…二つのものの間に置いて、それらがほとんど等しいことを表す記号。

問 本文中の□に入る表現として最も適当なものを、次のア～エから一つ選べ。

ア 近視眼的な損得勘定　**イ** 人間関係を維持する力
ウ 互いに報酬を得る関係　**エ** モースの着眼点　〔　　〕

3 次の文章を読んで、あとの問いに答えなさい。〈栃木県〉

> 高校一年生の清澄《きよすみ》は祖母（本文中では「わたし」）に手伝ってもらいながら、得意な裁縫を生かして姉の水青《みお》のためにウェディングドレスを作っている。ある日、清澄は友達とともに、姉が働く学習塾を訪ねた。

夕方になって、ようやく清澄が帰ってきた。心なしか、表情が冴《さ》えない。具合でも悪いのだろうか。

「ちょっと、部屋に入るで。」

裁縫箱を片手に、わたしの部屋に入っていく。＊鴨居《かもい》にかけた、仮縫いの水青のウェディングドレス。腕組みして睨《にら》んでいると思ったら、いきなりハンガーから外して、裏返しはじめた。［ア］

「どうしたん、キヨ。」

清澄は＊リッパーを手にしている。ふーっと長い息を吐いてから、縫い目に挿しいれた。

「えっ。」

驚くわたしをよそに、清澄はどんどんドレスの縫い目をほどいていく。

「水青になんか言われたの？」

「なんも言われてない。」

ためらいなくドレスを解体していく手つきと裏腹に、清澄の表情は歪《ゆが》んでいた。声もわずかに震えている。

「でも、姉ちゃんがこのドレスは『なんか違う』って言った気持ちが、なんとなくわかったような気がする。」

学習塾に行った時、水青はしばらく清澄たちに気づかずに、仕事をしていたという。「パソコンを操作したり、講師の人となんか喋《しゃべ》ったりする顔が。」と言いかけてしばらく黙る。［イ］

「なんて言うたらええかな。知らない人みたい、ともちょっと違うし……うん。でもとにかく、見たことない顔やった。」

清澄はリッパーをあつかう手をとめて、空中を睨んでいた。そこに、次に言うべき言葉が漂っているみたいに、真剣な顔で。

「たぶん僕、姉ちゃんのことあんまりわかってなかった。」

生活していくために働いている。やりたいこととか夢とか、そんなのはいっさいない。いつもそう言っている水青の仕事はきっとつまらないものなのだと決めつけていた、のだそうだ。

「はあ。」

「でも仕事してる姉ちゃん、すごい真剣っぽかった。」

「生活のために割りきってる、ってことと、真剣やないってこととは違うんやと思った。」

　でもそれが、なぜドレスをほどく理由になるのか、わたしには今いちわからない。

「姉ちゃんはな、ただわかってないだけやと思っとってん。ドレスのこととか、ぜんぶ。僕とおばあちゃんに任せたらちゃんと姉ちゃんがいちばんきれいに見えるドレスをつくってあげられるのにって。どっかでちょっと、姉ちゃんのこと軽く見てたと思う。わかってない人って決めつけて。せやから、これはあかんねん。わかってない僕がつくったこのドレスは、たぶん姉ちゃんには似合わへん。」

　水青のことを尊重していなかった。清澄が言いたいのは、要するにそういうことなのだろうか。そういうことなん？　と訊《たず》ねるのはでも、やめておく。たとえ拙い言葉でも自分の言葉で語ろうとしている。大切なことを見つけようとしている。邪魔をしてはいけない。

「わかった。そういうことなら、手伝うわ。」

　自分の裁縫箱から、リッパーを取り出す。向かい合って畳に座った。指先にやわらかい絹が触れた瞬間、涙がこぼれそうになる。真剣な顔でひと針ひと針これを縫っていた清澄の横顔を思い出してしまった。

［ウ］

「一からって、デザイン決めからやりなおすの？」

「そうなるね。」

「手伝う時間が減るかもしれんわ、おばあちゃん。……プールに通うことにしたから。」

「プール。」

　復唱する清澄には、さしたる表情の変化はなかった。どんな反応が返ってきたとしても、もう気持ちは固まっていたけど。

「そう。プール。泳ぐの、五十年ぶりぐらいやけどな。」

「そうか。……がんばってな。」

　清澄はふたたび手元に視線を落とす。ぷつぷつとかすかな音を立てて、糸が布から離れていく。うつむき加減の額にかかる前髪も、皮膚も、まだ新品と言っていい。［エ］

　この子にはまだ何十年もの時間がある。男だから、とか、何歳だから、あるいは日本人だから、とか、そういうことをなぎ倒して、きっと生きていける。

「七十四歳になって、新しいことはじめるのは勇気がいるけどね。」

　清澄がまっすぐに、わたしを見る。わたしも、清澄を見る。

　でも、というかたちに、清澄の唇が動いた。

「でも、今からはじめたら、八十歳の時には水泳歴六年になるやん。なにもせんかったら、ゼロ年のままやけど。」

　やわらかな絹に触れる指が小刻みに震えてしまう。そうね、という声までも震えてしまいそうになって、お腹《なか》にぐっと力をこめた。


（寺地《てらち》はるな「水を縫う」より）

＊鴨居…ふすまや障子《しょうじ》の上部にある横木のこと。
＊リッパー…縫い目などを切るための小型の裁縫道具。

よくでる

問　本文中の［ア］～［エ］のいずれかに、次の一文が入る。最も適当な位置をア～エから選べ。

自分で決めたこととはいえ、さぞかしくやしかろう。

［　　］

【文学的文章】表現の特色

出題率
40.0%

1 表現の特色

表現技法や文体を読み取って、その文章の「書き方」の特徴を理解しよう。

■ いろいろな表現技法

情景や心情を効果的に描写するために、文章上にさまざまな表現技法が用いられる。

①**比喩** あるものにたとえて印象を強める技法。

(1) **直喩(明喩)** たとえを表す言葉「ようだ」などを用いる。

例 たたきつけるような激しい雨だった。

(2) **隠喩(暗喩)** 「ようだ」などを用いないでたとえる。

例 星の降る夜空だ。

(3) **擬人法** 人でないものを人に見立てる。

例 さわやかな風が秋の訪れを告げる。

②**擬声語・擬態語** 音声や動作を表現した語を用いる。

例 ポタポタ(擬声語) そわそわ(擬態語)

③**倒置法** 言葉の順序を逆にして、意味を強める技法。主語や修飾語を述語のあとに置く。

例 さあ始めよう、計画の完遂を目指して。

④**対句法** 対になる言葉や反対の意味の言葉を並べることで印象を強める技法。

例 山は高く、海は深し。

⑤**体言止め** 文を体言(名詞)で終わらせ、余韻を残す技法。

例 楽しかった遠足。

⑥**反復法** 同じ語句をくり返し、印象を強める技法。

例 高く高く飛ぶ。

⑦**省略法** 文の一部を省略し、余韻を残す技法。

例 庭に一輪の花が。

■ 表現技法を理解し、味わいを深める

①**情景描写から場面を思い描く**

描かれている情報(その場の季節・時間・色・形・におい・温度・感覚・明暗など)を理解する。

②**文体の特色をとらえる**

文体(一文は短いか長いか、敬体か常体か、ひらがなが多く和語中心か、漢字が多く漢語中心か、など)を理解する。

③**多用されている表現技法を整理する**

よくでる 表現理解の問題は、表現技法だけでなく、文の書き方や、特徴的な表現によって作者がどのような効果をあらわそうとしているかを問う問題も出題される。

入試問題で実力チェック!

解答解説 別冊 P.11

1 次の文章を読んで、あとの問いに答えなさい。〈東京都〉

　堤防の少年たちは、次の日曜日にひかえた運動会の練習をしていた。クラス対抗で行われる競技に、よい成績をおさめようというのである。山がすぐそこまで迫った海辺の町のこと。斜面をのぼる細い坂道が多く、練習をする場所はかぎられていた。学校の庭は練習日が割り当てになっているので、その日以外に練習をしたいときには町のどこかに場所を探さねばならなかった。とくに熱心なクラスの少年たちは海風に吹かれながら、堤防を走っていた。風は強いが、町で唯一の直線の走行路である。

　秋の日暮れはせわしない。西の海ははやくも白金《プラチナ》のように煌《きら》めいている。夕靄《ゆうもや》にかすんだ太陽は、あたりの雲を紅に染めながら、先を急いで傾いてゆく。黄金色《きんいろ》が西の海全体に広まった。だが、やがて海面にほどこされた金箔《きんぱく》は、少しずつ剝がれて波間に消え、紫雲のたなびく海へのみこまれてしまう。

　少年たちは白い体操服の背に西陽《にしび》を受け、バトンの受け渡しの練習をくりかえしていた。彼らは夏の名残の日焼けした腕をふる。浜辺では走り幅跳びの踏み切りを、さかんに練習している生徒もいる。薄暮が満ちてくるにつれ、シュウズの白さがきわだった。少年たちは無駄口をきかない。号令をかけ、合図をおくり、記録を確認してはときおり歓声をあげた。

（長野《ながの》まゆみ「夏帽子」より）

正答率 83.4%

問 ――線部「夕靄にかすんだ太陽は、あたりの雲を紅に染めながら、先を急いで傾いてゆく。黄金色が西の海全体に広まった。だが、やがて海面にほどこされた金箔は、少しずつ剝がれて波間に消え、紫雲のたなびく海へのみこまれてしまう。」とあるが、この表現について述べたものとして最も適切なものを、次のア～エの中から一つ選べ。

ア　刻々と変化する夕靄の様子と様々に形を変える雲の様子とを、多角的に分析してとらえ、光と影を描き分けて対照的に表現している。

イ　水平線にゆっくりと沈んでいく夕日の様子を、細部までありのままにとらえ、順序立てて描くことで論理的に表現している。

ウ　時間の経過とともに変わっていく夕暮れの情景を、色彩感覚豊かにとらえ、たとえを用いながら印象的に表現している。

エ　夕焼けに照らされて一瞬のうちに変化した西の海の情景を、波の動きに注目してすばやくとらえ、生き生きと躍動的に表現している。

［　　］

2 次の文章を読んで、あとの問いに答えなさい。〈山口県〉

次の文章は、「実弥子《みやこ》」の絵画教室に通っている小学生の「ルイ」、「まゆ」、「ゆず」たちがお互いを描き、その絵を見せ合っている場面である。「実弥子」は、「なんのために絵を描くのか」と以前尋ねられ、うまく答えることができなかったことを気にしていた。

ルイが描いたまゆちゃんは、今にも絵の中から飛び出してきそうだった。細密に描かれた鉛筆の下書きの上に、慎重に絵の具が塗り重ねられていた。筆先を使って髪の毛や眉や睫毛《まつげ》が一本一本描かれ、瞳には淡い光がともっていた。まゆちゃんの顔によく似ていると同時に、その心の奥にある芯の強さを感じさせる。頬や指先、膝がしらには淡い桃色がかすかな青を滲《にじ》ませながら置かれていた。生き生きと血の通う、エネルギーの充《み》ちた子どもの身体なのだということを、実物以上に伝えているようだった。

「ルイくん、すばらしいね……」

実弥子は、ルイの絵のすばらしさを伝えるための言葉を探そうとしてうまく見つからず、口ごもった。

「わあ、すごい……。これが私……?」

「まゆちゃんに、にてる」

ゆずちゃんが、感心して言った。

「なんだろう、これ……。こんなふうに描いてもらうと、自分が今、ちゃんと生きてここにいるんだって、気がついた気がする……」

まゆちゃんがつぶやいた。実弥子ははっとする。

ルイが、まゆちゃんをモデルに絵を描いた。ただそれだけの、シンプルなこと。でも、描かれた絵の中には、今まで見えていなかったその人が見えてくる。言葉では言えない、不思議な存在感を放つ姿が。ルイと＊希一《きいち》、それぞれの母親がふと口にした「なんのために絵を描くのか」という問いの答えが、もしかするとこうした絵の中にあるのではないかと、実弥子は思った。

「ねえ、ルイくんって、何年生?」まゆちゃんが訊《き》いた。

「三年」

「うわあ、私より二コも下なんだあ。やだなあ、こっちは、見せるのはずかしすぎる」

まゆちゃんが自分の絵を隠すように、覆いかぶさった。

「まゆちゃん、絵はね、描き上がったときに、描いた人を離れるんだよ」

実弥子がやさしく言った。

「え？ 離れる……? どういうことですか?」

まゆちゃんが、絵の上に手をのせたまま顔を上げた。

「でき上がった絵は、ひとつの作品だから、でき上がった瞬間に、作者の手から離れて、まわりに自分を見てもらいたいな、という意志が生まれるのよ。それは作品自体の心。描いた人の心とは別に、新しく生まれるの」

「……ほんとに?」

まゆちゃんの眉が少し下がり、不安そうに数度まばたきをした。

「そうよ。たとえば、今ルイくんの描いたこの絵は、ルイくんだけのものだって思う? ルイくんだけが見て、満足すれば、それでいいと思う?」

実弥子の質問に、まゆちゃんは長い睫毛を伏せてしばらく考えた。

「そりゃあ、ルイくんの絵は、上手だから……みんなで一緒に見たいなあって思うけど……」

「まゆちゃんの絵も、みんなが一緒に見たいなあって思ってるよ」

実弥子がそう言ったとき、ルイがその言葉にかぶせるように「見せてよ」と言った。

まゆちゃんは、少し照れたような表情を浮かべて、ルイにちらりと視線を送ってから背筋を伸ばした。

「わかった。モデルのルイくんが見たいって言うなら、見せないわけにはいかないよね」

（東直子《ひがしなおこ》「階段にパレット」より）

＊希一…実弥子の夫。

問一 ――線部「実弥子ははっとする」とあるが、「実弥子」はどのようなことに気づいたのか。次の文がそれを説明したものとなるよう、［　］に入る適切な内容を、「ルイ」の絵に関する記述を踏まえて五十字以内で書け。

「ルイ」の絵に関する「まゆ」のつぶやきから、絵は［　］ということに気づいた。

よくでる

問二 文章中にみられる表現の特徴として最も適切なものを、次のア～エから選べ。

ア 絵の内容を色彩感覚豊かに記述することで、描かれた人物と周囲との関係を具体的に読者に伝えている。

イ 特定の登場人物の視点から説明することで、その場面の切迫した状況を冷静に詳しく読者に伝えている。

ウ 端的な言葉で複数の会話を叙述することで、生き生きとした人物像を臨場感をもって読者に伝えている。

エ 擬人法を用いながら情景を描写することで、幻想的な雰囲気の中で絵の価値について読者に伝えている。

〔　　〕

【説明的文章】接続語

1 接続語

空欄に接続語を補充する形式で出題される。空欄の前後の内容をおさえ、それらがどのような関係にあるかを、文脈から正しくつかむことがポイントになる。

■ 接続語の種類

①順接 前が原因・理由を表し、あとが順当な結果を表す。
（だから・すると・したがって・そこで　など）
例 辞書で調べた。それで、よくわかった。

②逆接 前とは逆の内容があとにくる。
（ところが・けれども・だが・けれど　など）
例 辞書で調べた。しかし、わからなかった。

③累加・並列 前の内容に付け加えたり、並べたりする。
（しかも・そのうえ・それから・なお　など）
例 りんごを買った。そして、みかんも買った。

④対比・選択 前とあとを比べたり、どちらかを選んだりする。
（あるいは・または・もしくは　など）
例 りんごを食べようか。それとも、みかんにしようか。

⑤説明・補足 前の内容を説明したり、補ったりする。
（つまり・ただし・すなわち　など）
例 部屋が暗い。なぜなら、家族が不在だからだ。

⑥転換 話題を変える。
（ところで・では・ときに　など）
例 本を読み終えた。さて、次は何をしよう。

ミス注意
接続語かどうかは、意味を考えて判断しよう。
例 パンを食べた。それにスープも飲んだ。↓接続語
やかんがある。それに水を入れる。↓名詞＋助詞

よくでる
接続語は、言葉と言葉、文と文、段落と段落などが、どのような関係でつながっているかを示す、大切な語。文章中に出てきたときは、必ずおさえること。

入試問題で実力チェック！

解答解説 別冊 P.12

1 次の文章を読んで、あとの問いに答えなさい。〈山梨県〉

もともと「うつくし」という言葉は、山上憶良《やまのうえのおくら》のよく知られた「妻子《めこ》見ればめぐし愛《うつく》し」という歌に見られるように、妻や子供に対する愛情を表《あら》わす言葉であった。それが小さいもの、可憐《かれん》なものへの愛好を意味するようになり、やがて現在のように「美」一般を表現する言葉となった。ということは、小さいものを愛する感覚は、日本人の美意識の主要な特質のひとつと言ってよいであろう。事実、日本の工藝《こうげい》品の精妙巧緻な細部表現や*印籠《いんろう》、*根付《ねつけ》のような小さな細工ものは、つねに西欧人の嘆賞の的であった。そのことは、美術の領域だけにかぎらず、今日の日本の工業製品においても、細部にも神経の行き届いていることや仕上げがしっかりしているという特質と結びついている。

このことは、西欧の伝統的美学においては、ギリシャ以来、「美」はある大きさを必要とすると考えられて来たことを思い出せば、かなり特徴的なことと言えるであろう。□西欧では、大きな堂々たるものが美しいのである。

（高階秀爾《たかしなしゅうじ》「日本の美、西欧の美」より）

*印籠…腰に下げる長円筒形の小箱。印、薬などを入れていた。
*根付…印籠などを腰に下げるとき、帯にはさむひもの先端につけてすべりどめとした小形の細工物。

正答率 77.5%

問 □に入る言葉は何か。最も適当なものを、次のア〜エの中から一つ選べ。

ア しかし　**イ** また
ウ つまり　**エ** さらに
〔　　〕

2 次の文章を読んで、あとの問いに答えなさい。〈広島県〉

デザインを成立させている条件について、素朴な状況の中で考えてみると、わたしたちには「心地原則」というものがあるように思える。□、どれほど狭いテント暮らしであっても、そこを少しでも快適にしたいという欲が誰にでもあるはずだ。山に登って、お弁当を食べるときにも、木陰を探し、座りやすい石や倒木があればそれに腰かける。わずかでも居心地の良さを求める。これが「心地原則」である。つまり、自ら手にすることのできるテクノロジーや素材、あるいは経済的な条件の中で、できるだけ心地良いものや装置を考案（デザイン）する。これはわたしたちの心地良さを求めるいわば原則のようなものだ。

（柏木博《かしわぎひろし》「デザインの教科書」より）

正答率 82.5%

問 □にあてはまる最も適切な語を、次のア〜エの中から一つ選べ。

ア しかし　**イ** さらに
ウ たとえば　**エ** あるいは
〔　　〕

3 次の文章を読んで、あとの問いに答えなさい。〈新潟県〉

地球はホットケーキのような円盤状のものなのか、それとも丸い球なのかという問いをいまでも私はもっている。こんなことを言ったら小学生にも笑われてしまうだろう。地球が大きな球であることはわかりきったことなのだから。それでもなおこのような問いをもちつづけているのは、私たちが生きている世界、[A]視覚的にとらえられ、歩いたり走ったりする世界では、地球は山や谷というデコボコを伴った平面の世界として存在しているからである。

私が地球は球であることを実感することがあるとすれば、遠い外国まで飛行機で行くときくらいで、このときだけは地球は平面ではなく球であることに同意せざるをえない。つまり、地球は球であるという実感は、私が生きるうえでのすべてのことを飛行機にゆだねてしまったとき、換言すれば科学や技術の力に生命をまかせてしまったときに発生するのであって、日々の見たり聴いたり、話したり、歩いたりすることを大事にしている世界では、地球は平面的なものとして存在している。

とすると、この普通に生きているときにとらえられた世界は、偽りであり、錯覚であるのか。そうではないだろう。人間が身体をとおして感じられる世界は平面であり、その世界のなかで私たちは身体を介して暮らしているのである。

[B]この平面の世界が、地球が球であることからくる影響を受けていないのかといえばそうではない。球が自転しているから一日があるし、南方で発生した台風は球上の気圧の変化に押され、あるいは吸い寄せられながら日本にやってくる。地球温暖化も、球状の地球で生じている出来事である。

とすると次のように言ってしまってよいのかもしれない。地面に足を着けて暮らしている人間によってとらえられた地球は、平面である。太陽や月、星という宇宙の視点を介入させてとらえられた地球は球である。ところがこのふたつの地球は分離できるものではなく、お互いに関係しあっている。

（内山節《うちやまたかし》「清浄なる精神」より）

＊換言…言葉をかえて言うこと。言いかえること。

問 文章中の[A]、[B]に最もよくあてはまる言葉を、次のア～オからそれぞれ一つずつ選べ。

ア だから　**イ** なぜなら　**ウ** つまり
エ もし　**オ** ところが

A〔　　〕　B〔　　〕

4 次の文章を読んで、あとの問いに答えなさい。〈岐阜県〉

老子《ろうし》が道を説いてから二千数百年が流れましたが、足るを知ることが今ほど難しく、また必要とされている時代もないでしょう。

老子のいう「知足」とは、単に我慢しろ、欲望を抑えろということではありません。モノやお金、名声や地位や他者の評価といった自分の外側にあるものに振りまわされるな。もっと自足して生きようと――すすめているのだと思います。

外なる価値も人間にとって欠かせないものですが、外に求め、人に求めるほど、それらに人生を左右され、自分が自分の主人ではなくなってしまいます。[　]、生きていくのに必要なだけあればいい、それ以上はいらないと、ついつい求めすぎる頭に自分自身でストップをかける。外的価値を高めようとあくせくしたり、他者の評価を気にしたりすることに時間とエネルギーを費やすのを思い切ってやめてみる。

（加賀《かが》乙彦《おとひこ》「不幸な国の幸福論」より）

問 [　]に入る適切な言葉をア〜エから選べ。

ア だから　**イ** さらに
ウ ただし　**エ** なぜなら

〔　　　〕

5 次の文章を読んで、あとの問いに答えなさい。〈栃木県・改〉

かつて環境問題は、どちらかといえば自然科学系分野の問題でした。公害や生態系の破壊といった問題に対処するにはどうすればいいのか。大気汚染を減少させるには、どうすればいいのか。こういった問題には科学技術的な対応が不可欠でした。[A]、よく考えてみると、環境問題に対処する策を判断する際に重要なのは、私たちにとって自然はどうあるべきなのかという思想的判断であり、またそのような判断を下すには、人類はいったいい過去どんなふうに自然と付き合ってきたのかという歴史的な知識が必要です。一般に環境思想とか環境哲学、環境倫理学、および環境歴史学といった人文社会系*の学問分野が、最近盛んになっている背景にはこういう理由があります。

一九九〇年代以降、「地球環境問題」という言い方が強調されるようになりました。それは、もはや環境問題が局所的な問題ではなく、グローバルな問題であると認識されるに至った証拠です。[B]、エコロジー＝生態学という学問は、そもそも「関係の学」とでもいうべきものので、ある部分だけに局所的な治療を施せばいいという発想を根本的に疑う考え方だからです。

（野田《の だ》研一《けんいち》「自然を感じるこころ―ネイチャーライティング入門」より）

＊人文社会系の学問分野…人文科学・社会科学のこと。例えば、文学・哲学・思想・倫理学・歴史学・法律学・政治学・経済学などを指す。

問 [A]、[B]にあてはまる語の組み合わせとして適切なものを選べ。

ア A また　B したがって
イ A さて　B そして
ウ A しかし　B なぜなら
エ A つまり　B むしろ

〔　　　〕

【説明的文章】【文学的文章】内容合致

出題率
22.0%

1 内容合致

本文の内容と照らし合わせ、最も適切な選択肢を答える問題である。説明的文章では文章全体の要旨に関するもの、文学的文章では登場人物の心情や主題に関係する内容が多く見受けられる。

■ 解き方

選択肢をひとつひとつ本文と照合して、本文と合うかどうかを検討しよう。正答を導き出しても、他の選択肢も本文と照合して「選択肢のどこが間違っているのか」を考えることで、より確実に正答を選ぶことができる。

明らかにあてはまらない部分が選択肢中にあれば、不適と判断する。どちらとも判断がつかなければ、そのまま照合を続けていく。

■ 本文の内容を「可視化」する

選択肢を検討するときは、あてはまらないと判断した部分に、線を引くなどして印をつけておくと、見直しをする際に役立つ。

本文についても同様に、重要と思われる部分に線を引いたり、キーワードを丸で囲んだり、段落の要点を簡単にメモしたりすることで、内容を照合しやすくなる。

■ 類似表現に着目する

本文の内容にあてはまる選択肢であっても、全く同じ言葉が使われているとは限らない。本文を参照する際に、選択肢にある言葉の類義語や類似表現を見つけたら、印をつけてチェックしておくとよい。

■ 数字に注意する

説明的文章の内容正誤問題では、具体的な数字の正誤を問うものもある。このような問題では、より丹念に本文と照らし合わせることが求められる。

ミス注意

「本文の内容にあてはまらない選択肢」を選ぶ問題もあるため、間違えないようにすること。「本文の内容にあてはまる選択肢」を誤って選んでしまった場合、他の選択肢も参照していれば、あてはまる選択肢が複数あることに気づき、ミスを防ぐことができる。

よくでる

文学的文章の内容合致問題では、表現技法の用語が選択肢に出てくることがあるため、用語の意味を知っておく必要がある。

入試問題で実力チェック!

解答解説 別冊 P.13

1 次の文章を読んで、あとの問いに答えなさい。〈新潟県〉

日本の風景が、世界のどこの国より美しいに違いないと思うようになったのは、五十代にはいってからである。それまでは自分が生《うま》れ、自分が生い育った日本という国の四季それぞれの眺めにさして関心は持っていず、桜の時季は桜の時季で、紅葉の季節は紅葉の季節で、その時々でなるほど美しいと思うことはあったが、ただそれだけのことで、それを格別なものとして楽しむことはなかったようである。

それが五十代にはいってから急に日本の風景を特別なものとして受《う》け取るようになり、還暦を過ぎる頃から、花があろうとなかろうと、自分を取り巻いている外界の眺めを、その季節以外にはないものとして珍重するようになった。こう言うと、いかにも悟ったような言い方に聞《き》こえるかも知れないが、別段悟ったわけではない。年齢の作用ということもあろうが、それより小説を書く仕事から離れている時間を多少でも持てるようになり、自然に外界の景色というものに眼《め》を向けることが多くなったためである。画家やカメラマンが、それから歌人や俳人が日本の風景に対して持っている眼を、遅ればせながら、私もまた持ち始めたということになろうか。

日本の風景は美しいと思う。世界中の国がそれぞれにその国独特の美しい風景を持っているが、日本の風景は、日本の風土と結びついたもので、世界のどの国もが持たない、しかも、なかなか上等な美しさを持っているものだと思う。言うまでもなく、それは春夏秋冬の狂いない回帰と結び付いたものである。四季はそれぞれの出番と持《もち》時間を持って、毎年毎年几帳面《きちょうめん》にやって来る。そして、非常にデリケートなこまかい目盛りを刻みながら、春から夏、夏から秋、秋から冬、冬から春へと移行して行く。そしてその季節季節の移り変《かわ》りに従って、自然界のあらゆるものが、山も、野も、川も、空も、木も、草も、雨も、風も、大気までが、その時々で表情とたたずまいを異《こと》ったものにして行く。

（井上靖《いのうえやすし》「日本紀行」より）

正答率 79.3%

問 この文章の内容を説明したものとして最も適切なものを、次のア〜エの中から一つ選べ。

ア 日本と外国の風景を比較することに興味を持っていた筆者が、日本の風景の移り変わりを記している。

イ 外界の景色に眼を向けるようになった筆者が、風土と結びついた日本の風景の美しさについて記している。

ウ 外国の地で、日本の風景を想像している筆者が、日本の最も美しい季節について記している。

エ 世界中を旅した筆者が、世界の四季に共通した美しさを発見したことを記している。

〔　　　〕

2 次の文章を読んで、あとの問いに答えなさい。〈兵庫県〉

いまや計算機は圧倒的な速度で膨大なデータを処理できるようになり、人工知能は将棋や囲碁などの高度なゲームでも、人間を打ち負かすまでになった。計算による予測の網は社会の隅々にまで張りめぐらされ、もはや私たちが生きる日常の一部だ。*粘土の塊を一つずつ動かしていくことが計算のすべてだった時代から、こんなにも遠くまで来たのだ。

それでも現代の科学はいまなお、生命と計算の間に横たわる巨大な距離を、埋められずにいる。人工知能の最先端の技術も、現状ではあくまで、行為する動機を外部から与えられた「自動的」な機械の域を出ていない。いまのところ人間は、行為する動機をみずから生み出せるような「自律的」なシステムを構築する方法を知らないのだ。

生命の本質が「自律性」にあるとする見方はしかし、これじたい決して自明ではない。化学物質の配置に操られて動くバクテリアや、光に向かって反射的に飛び込んでいく夏の虫などを見ていたら、生命もまた、外界からの入力に支配された他律系だと感じられるかも知れない。実際、*黎明期《れいめい》の認知科学は、生物の認知システムもまた、計算機と同様、他律的に作動するものだと仮定していたのだ。

このとき暗黙のうちに想定されていたのが、「外界からの入力―(*表象による)内的な情報処理―外界への出力」というモデルである。一見すると当たり前に思えるかも知れないが、認知主体の内部と外部に世界を*画然と分かつこうした発想は、認知主体を、認知主体の外部から観察する特殊な視点に根ざしていた。

このことの限界を指摘し、生命を自律的なシステムとして見る新しい思考を切り開いていったのが、チリの生物学者ウンベルト・マトゥラーナである。(中略)

認知主体の外から、認知主体を見晴らす観察者の視点に立つとき、「入力―情報処理―出力」という他律的なモデルが妥当に思えるが、認知主体の立場から見ると、事態はまったく異なってくるのである。

ありのままの認知現象を捉えようとするならば、まず、認知主体の外部に「本当の世界」を*措定してしまう、特権的な観察者の立場を捨てなければならない。マトゥラーナは、共同研究者フランシスコ・ヴァレラとの共著『オートポイエーシスと認知』の序文のなかで、このことに気づき、生物学に対するスタンスを変えることになった経緯を打ち明けている。

マトゥラーナはもともと、カエルやハトなどを対象として、生物の色知覚に関する研究をしていた。このとき彼は、物理的な刺激と、これに応答する神経系の活動の間に、素直な対応があると想定していた。つまり、客観的な色彩世界を、生物は神経細胞の活動によって「表象」していると考えていたのだ。とすれば、やるべき仕事は、外界の色に対応する神経細胞の活動パターンを見つけ出すことにあるはずだった。

ところが、研究はほどなく壁にぶち当たった。外界からの刺激と、ハトの神経系の活動パターンの間に、素直な対応が見つからなかったのだ。同じ波長の光の刺激に対して、異なる神経活動のパターンが観測されることがしばしばあった。ハトの神経活動を調べている限り、客観的な色彩世界の存在を示唆するものはどこにもなかったのである。

そこで彼は、発想を大胆に変えてみることにした。ハトの網膜と神経系は、ハトと独立にある外界を再現しようとしているのではなく、むしろハトにとっての色世界を生成するシステムなのではないか。ここから彼は、研究へのアプローチをがらりと変える。

　生物の神経系は、外界を内的に描写しているのではなく、外的な刺激をきっかけとしながら、あくまで自己自身に反復的に応答し続けている。生物そのものもまた、外界からの刺激に支配された他律系ではなく、みずからの活動のパターンに規制された、自律的なシステムとして理解されるべきなのではないか。こうした着想を起点に、彼はその後、新しい生物学の領域を切り開いていく。

　では、生命そのもののような自律性を持つシステムを、人工的に作り出すことは可能なのだろうか。これは、人工生命を追求する科学者が、まさにいまも全力で取り組んでいる問いだが、まだ誰も答えは知らない。自律的な生命と、自動的な計算の間には、依然として大きな溝が広がっているのだ。

　この間隙《かんげき》を性急に埋めようとするとき、生命を計算に近づけようとする結果にもなりかねない。極端な話、私たち自身が外から与えられた規則を遵守するだけの自動的な機械になってしまえば、計算と生命の溝は埋まる。スマホに流れてくる情報に反射しながら、ゆっくりと息つくまもなくせっせとデータをコンピュータに供給し続ける私たちは、計算を生命に近づけようとしているより、みずからを機械に近づけようとしているようにも見える。だが、これでは明らかに本末転倒である。

　肝心なことは、計算と生命を対立させ、その間隙を埋めようとすることではない。これまでも、そしてこれからもますます計算とまざり合いながら拡張していく人間の認識の可能性を、何に向け、どのように育んでいくかが問われているのだ。

（森田真生《もりたまさお》「計算する生命」より　一部改変）

＊粘土の塊…古代メソポタミアで数をかぞえるのに使った。
＊黎明…物事の始まり。
＊表象…知覚に基づいて心に対象のイメージを思い浮かべること。また、そのイメージ。
＊画然と…はっきりと。
＊措定…存在するものと見なすこと。

問 本文に述べられている内容として最も適切なものを、次のア～エから一つ選べ。

ア　科学の進歩によって計算機の処理速度が向上し、人間は直接知覚できないことでも把握できるようになった。

イ　人工知能がどれほど発達したとしても、機械が計算をしているにすぎないので、自律性を持たせることはできない。

ウ　ありのままの認知現象を捉えようとするときには、認知主体から独立した視点を確立しなければならない。

エ　計算速度の向上を追求してきた過去を否定し、機械の恩恵を享受しながら認識の可能性を拡大させるべきである。

〔　　〕

【説明的文章】段落構成

出題率 17.3%

1 段落構成

「見た目」でわかるのは形式段落。それを意味段落にまとめて、結論を述べる段落を的確に探そう。

■ 形式段落と意味段落

①**形式段落**　行を変え、冒頭を一文字下げて書く。形のうえでの一つのまとまり。

②**意味段落**　形式段落を意味のうえからいくつかの大段落にまとめたもの。

■ 説明的文章の構成のパターン

①**頭括型**　初めに結論を述べ、あとでその根拠などを詳しく述べる。

②**尾括型**　初めに事例や資料を挙げ、最後にそれらをもとにした結論を述べる。説明的文章では最も多いタイプである。

③**双括型**　初めに結論を述べ、本論を展開したあと、再び結論を繰り返す。

よくでる　段落構成を考えるときは、まず「頭括型」「尾括型」「双括型」のどれにあたるかを考えてみるのがよい。

■ 段落の役割　段落冒頭の接続語に注意する。

(1)冒頭で問題・主題・話題を提示する。

(2)前の段落を発展させる。➡「そこで」「すると」

(3)前の段落内容を別の言葉で述べたり、反復・強調したりする。
➡「つまり」

(4)具体例を述べる。➡「たとえば」

(5)前の段落につけ加える。➡「また」「さらに」

(6)前の段落とは逆の内容を述べる。➡「しかし」「だが」

(7)前の段落、または全体をまとめる。➡「要するに」

■ 段落分けの方法

段落の初めの接続語や書き出しの言葉に注意しながら、意見のまとまり、説明内容のまとまり、具体例か筆者の意見か、などの視点から段落分けをする。

ミス注意　段落分けは、その段落内容が「事実」を述べているのか、「意見」を述べているのかを見分けることが大切。

1 次の文章を読んで、あとの問いに答えなさい。〈福島県〉

「何のために君は生きているか」というような問いかけでは、正しく問いかけ続けていくことで、その問いかけそのものが次第に深まっていくという事態が起こります。たとえば、ある人が画家として優れた作品をつくりたいと、日々、懸命に努力しているとします。その人は、絵を描く前に、優れた作品を生み出すためにはどうすればいいかと、自分自身に問いかけ続けていくことでしょう。そして、そのことによって何かを摑《つか》んだとします。しかしはじめはまだ、漠然としていることでしょうし、関係のないこともくっついているかも知れません。そこでその画家は、摑んだ何ものかを創作活動に生かす努力をしながら、新しい作品を生み出していくことでしょう。（第一段落）

画家にとって、このことはみずからの問いかけに対する、自分なりの精一杯の答えであると思いますが、そこで生み出された作品が問いかけに対する唯一の正解で、「それですべておしまい！」ということはないはずです。その生み出された作品自身が、「どうすればさらに優れた絵を描くことができるだろうか？」という問いを、画家に新しく投げかけてくるからです。このように、この種の問いかけには、いつも「これから自分はどの方向に進めばよいか、そしてそのために自分は何を具体的にすればいいのか」ということが含まれています。そしてこのような問いかけが絶えず繰り返されながら新しい作品が生まれていくために、問いかける内容自体も次第に深まっていき、その結果として作品のレベルが上がっていくのです。（第二段落）

（中略）

「生きていくとはどういうことか」と問いかけながら、その問いかけそのものを深めていくことをつうじて、人は生きていく意味を深く感じとることができるのです。（第三段落）

（清水《しみず》博《ひろし》「近代文明からの転回」より）

正答率 74.5%

問 本文における第二段落の働きとして最も適切なものを、次のア～オの中から一つ選べ。

ア 直前の段落の内容に対し、否定的な主張を展開することで、あとの段落で述べる結論の方向性を暗示する役割を果たしている。

イ 直前の段落の内容を受け、その具体例の内容を深めることで、あとの段落で述べる結論の裏づけとなる役割を果たしている。

ウ 直前の段落の内容を離れ、異なる具体例を示すことで、あとの段落で述べる結論へと論の流れを変える役割を果たしている。

エ 直前の段落の内容に即し、新たな条件を加えることで、あとの段落で述べる結論の問題点を整理する役割を果たしている。

オ 直前の段落の内容に対し、対照的な具体例を示すことで、あとの段落で述べる結論をさらに補強する役割を果たしている。

〔　　〕

解答解説 別冊 P.13

2 次の文章を読んで、あとの問いに答えなさい。〈岐阜県〉

1 哲学とはいったいなんでしょうか。

2 人間は生きてゆくかぎり、必ずなにか行為をしなければなりません。われわれはなにも行為しないでは一日も過ごすことができません。いや少し極端にいうならば、一瞬間たりとも、行為しないではいられないのです。

3「しかしわたしはきょう一日なにもしないで、ブラブラしていた。」という人があるかもしれません。だが、よく考えてみると、このように「なにもしないで、ブラブラしていた」ということが、すでに一つの行為なのです。なぜなら、その人はブラブラしないで、なにか仕事をすることもできたはずだからです。ブラブラしていたというのは、その人がみずから「なにもしない」という行為を行《おこ》なったのだといわねばなりません。（中略）

4 このように人間は常に行為しなければ、生きてゆくことができませんが、このさい重要なのは、人間がみずからの自由によってその行為を選ばなければならないということです。人間は行為を選ぶ自由をもっています。われわれは暇さえあれば寝て暮らすこともできます。また寸暇を惜しんで、勉強したり、仕事に打ち込んだりすることもできます。われわれは日常行なっている一つ一つの行為を、すべてみずからの自由によって決断し、選んでいるのです。

5 この点に、おそらく、他の動物と人間とのあいだの本質的な相違があるといえましょう。人間以外の動物はただ本能によって行動しているだけで、自由によってその行動を選んでいるわけではありません。どうして人間だけが、このように行為をみずから選ぶ自由をもっているのかということは、おそらくもはや人間の解きえない問題であるといわねばならないでしょう。しかしとにかく、人間が自由をもっており、それによって行為を選択しているということは、否定することのできない事実だといわねばなりません。

6 わたくしは必ずしも、人間が行為を選択する自由をもっていることがよいことなのだというわけではありません。人間は自由をもっているから、他の動物にくらべてすぐれているのだというのではありません。むしろ、わたくしは、自由をもっているということこそ、人間の悲しい性《さが》なのだとさえいえるのではないかと思うのです。

7 人間に自由がなければ、人間はかえってほんとうに幸福であったかもしれません。（中略）ところが、人間はすでに自由をもっているのです。どんな人でも、いやおうなしに、自分で行為を決定しなければなりません。人生の苦労はすべてここから生じている、ともいえるかもしれません。

8 しかし、たとえそれが人間にとって不幸であるとしても、人間が自由をもっているということはどうしようもない事実なのです。われわれがこれに対していかに苦情をいったところで、どうなるものでもありません。われわれはただこの事実を認め、その上に立って行為する外《ほか》はありません。

9 フランスの哲学者サルトルは、「人間は自由の刑に処せられている」といっています。まさに、自由は人間のもって生まれた宿命なのだ、といえましょう。人間であるかぎり、われわれにはこの宿命からのがれる道はありません。われわれはこの宿命を＊甘受《かんじゅ》してゆく外はありません。

10 だが、人間がみずからの自由によって行為を選ばねばならないとすれば、そこにわれわれはどうしても自分の行為を選ぶための原理を考えないわけにはいきません。むしろ、われわれは行為を選ぶばあい、必ずなんらかの原理をもち、それにしたがって行為を選んでいるのだということができましょう。

11　暇さえあれば寝て暮らして少しも悔いを感じない人は、そういう生き方がよいのだという考え方によって、その行為を選んでいるのです。また自分の利害ばかり考えて、ひとのことを少しも思いやらずに行為している人は、自分の利益だけをはかればよいのだという考え方の上に立って、行為を行なっているのです。

12　こうして人間は、自由によって行為している以上、どうしても行為を選びその生き方を決定する根本的な考え方をもたないわけにはゆかないのですが、この考え方がいわゆる人生観ないし世界観というものです。そしてこの人生観・世界観がすなわち哲学に外なりません。

13　もしこういえるとするならば、哲学は、人間であるかぎりどんな人でも必ずもっているものだといえましょう。哲学のことなどまったく知らないといっている人でも、実はすでに哲学をもっているのです。

（岩崎武雄《いわさきたけお》「哲学のすすめ」より　一部改変）

＊甘受…しかたがないと思って受け入れること。

問一　——線部「哲学は、人間であるかぎりどんな人でも必ずもっているものだといえましょう」とあるが、人間が哲学を必ずもっていると筆者が述べる理由として最も適切なものを、次のア〜エから選べ。

ア　哲学は自分の行為を選ぶための根本的な考え方であり、哲学がなければ生き方を決定することができないから。

イ　哲学は人間を自由に導くものであり、人間は哲学によってあらゆる場面で自己の利益をはかることができるから。

ウ　哲学は自由の刑に処せられている人間を不幸から解放し、思い悩まされることのない人生へと導いてくれるから。

エ　哲学は自ら行為を選択しなければならない宿命から人間を解放し、自分が従うべき全ての原理を示してくれるから。

［　　］

よくでる

問二　本文中における段落の関係についての説明として最も適切なものを、次のア〜エから選べ。

ア　3段落では、2段落で述べた筆者の主張を否定する意見を示すことで、異なる主題を新たに設定しようとしている。

イ　5段落では、4段落とは対照的な事例を示すことで、4段落の内容を否定しようとしている。

ウ　10 11段落では、8 9段落で述べた内容と異なる視点を示すことで、筆者の主張を明確にしようとしている。

エ　12段落では、10 11段落で述べた筆者の主張の具体例を示すことで、筆者の主張を補強しようとしている。

［　　］

【文学的文章】人物像把握

出題率
8.7%

1 人物像把握

登場人物の人物像は、その人物の動作や会話によって表現される。さまざまな言動に見られるその人物特有の「型」を見つけなければならない。

■ 登場人物を整理する

登場人物を順に書き出し、主人公に「○」をつけてみる。これだけでも作品の世界をすっきり整理することができる。

次に人物どうしの関係をつかむ。人物が互いにどのような関係にあるのかを把握することで、それぞれの行動や会話、心情が理解しやすくなる。

■ 人物に関する情報を集める

その人の性格や個性はもちろん、性別・年齢・職業・所属・境遇などの情報に留意する。またその人物に関する印象的な表現に線を引く。

■ 視点を特定する

その作品がだれの視点から描かれているかを把握する。

ミス注意

小説で「私」「俺」などとあっても、それが作者を意味するとは限らない。「私」が作者のことなのか、他の登場人物のことなのかを確認しよう。

■ 人物像の把握の仕方

①説明や言動の整理

登場人物のそれぞれの人物像を読み取るには、その人に関する説明（地の文だけでなく、会話文にも目をくばる）、その人物の言動の描写に注目する。

②人物の行動や考え方の傾向の把握

①の整理から、どんな人物だといえるかをとらえる。

例 積極的に行動する人物。

他人に対する思いやりのある人物。

自分のことだけを考える利己的な人物。など

よくでる

人物像を表す言葉に着目する。「わがまま」「きちょうめん」「軽い」「優柔不断」「温厚」「素直」「せっかち」「負けずぎらい」「気取り屋」「でしゃばり」など。

よくでる

人物像がわかると、その人物の心情理解もしやすくなる。ある出来事を経験したときにどう思うかは、人物像によって異なる。

入試問題で実力チェック!

解答解説 別冊 P.14

1 次の文章には、六年生の省吾《しょうご》が、夏祭りの朝に橋の上で、まもなく転校することになっている同級生の麻緒《まお》と偶然会い、話をしたときのことが書かれている。この文章を読んで、あとの問いに答えなさい。〈静岡県〉

「覚えておらん？　コオロギのこと。」

「コオロギ……。」

「うん。五年生の時、コオロギつかまえてくる宿題が出た。ほんで*私が原っぱにコオロギつかまえにいったら、省吾がいたんや。省吾、籠《かご》の中にいっぱいいたコオロギ逃がしてた。何しとるん？*っていったら、何にもしてないってにらまれた。逃がしてるん？　っていったら、それには答えずに、誰かにいったら承知しないぞってすごまれた。覚えておらん？」

　思い出した。そんなこともあった。次の日、コオロギを持ってこなかったのはぼくだけだった。先生につかまえられなかったといったら、つかまえにいかなかったんだろうと怒られた。めんどくさいからそうだというと、教室の後ろに立たされた。

「教室で省吾が先生に怒られた時に、省吾はつかまえたけどみんな逃がしてたっていおうとしたら、省吾がものすごい目で私をにらんだんや。いったら承知しないぞっていう目やった。それで省吾が黙っていてほしいんやったら、そうした方がええと思って、黙ってしまったんだ。私、うれしかった。省吾はコオロギがかわいそうになったんで逃がしてやったんやて分かってたから。やさしいなあって好きになったんやあ。それに先生にいい訳しないのも、すごく度胸があるなあって好きになった。私うれしくて、チラチラ省吾を振り向いてた。覚えておらんやろけど。」

「俺は度胸なんかねえよ。びびって*しまってこっから飛ぶ*ことができないんや。」

　いってしまってから、かっこ悪いことをいったのに、何ですらっといえたんだろうって不思議だった。

「飛んでみなれよ*。省吾なら絶対に飛べるよ。」

　麻緒はぼくを見て笑った。ばかにして笑ったんじゃないというのはすぐに分かった。表情が本当にそう思うという笑いだった。

「何でや？」「やさしいから。」「何でやさしいと飛べるんや？」「本当の度胸がなければ、やさしくなれないって思うから。」


（川上健一《かわかみけんいち》「祭り囃子《ばやし》がきこえる」より）


*ほんで・何しとるん…それぞれ「それで」、「何をしているの」という意味の方言。

*びびって…おじけづいて。

*こっから飛ぶ…今二人がいる橋（新橋）から、川へ飛び込むこと。この地域では新橋から飛び込めたら一人前だと言われていた。

*みなれよ…「…みなさいよ」という意味の方言。

よくでる

問 麻緒は、——線部に関する出来事から、省吾がどのような人であると感じていたのか。本文中の言葉を用いて書け。

2 次の文章を読んで、あとの問いに答えなさい。〈茨城県〉

兵吾《ひょうご》と主税《ちから》の兄弟は、夏休みを利用して、父親が赴任しているオーストラリアに遊びに行く予定だった。しかし、父親が病気になってしまい、看病をするために母親が一人で行くことになった。母親の留守中、兵吾と主税は鎌倉に住む*大叔父の家で過ごすことになり、そのための荷造りをしている。

「鎌倉ってさ、お母さんたちが行けば、きっと、ものすごく楽しいところだよね」と言って、主税はほっぺたをふくらませた。「それとか、老後の楽しみってやつで、おじいさんやおばあさんが行くんだ」

「たしかにね」とお母さんは荷造りしながら軽く受け流した。「でも、修学旅行でも行くでしょ。遠足でもね」

「大仏さんとか、*鶴岡八幡宮《つるがおかはちまんぐう》とか」とバックパックに荷物をつめていた兄の兵吾も言った。

「どっちも、もう行ったし」と主税はさらにふくれっつらになった。

すると兵吾は、ちょうど手に持っていた鎌倉案内の冒頭ページを開いて読み上げた。

「鎌倉には、一年かかっても回りきれないほどの神社仏閣があります」

主税は、サラダの中にピーマンを発見した時みたいなしかめっつらをしてみせた。

「それに、海が近いよ」

主税は聞こえないふりをした。実をいえばそれだけが楽しみなのだが、ここはとにかく、〝いやいや行ってあげる〟という態度をつらぬくつもりでいたからだ。

「だって、家は山ん中なんでしょ」

「リスもくるし、クワガタもいるし、朝は鳥の鳴き声で目が覚めるわよ」

主税はさらに口をとがらせた。

「知らないの？　オーストラリアはコアラより鳥で有名なんだよ。ハデハデな鳥がいっぱいいるんだから。一日じゅう、鳴き声だらけさ。イルカだっているし」

主税はさらに突っかかった。

「だいいち、オーストラリアなら、そこいらじゅう海じゃないか」

ついにお母さんが笑い出した。お母さんは、オーストラリア行きをあきらめなければならなかった主税のことをかわいそうだと思っている。だからまだ笑っているのだ。

主税は内心、お母さんが「もうわかったから、早く荷造りしなさい」とこわい声で言ってくれればいいのにと思っていた。そしたら、思い切りあかんべして逃げ出せるからだ。

兵吾のほうは淡々と荷造りをしていた。主税はこれもおもしろくなかった。

〈お兄ちゃんだって、ほんとは鎌倉なんか行きたくないくせに。「日本にいれば部活にも、合宿にも行けるし」なんて言ってさ〉

本当なら、この夏はオーストラリアに単身赴任しているお父さんのところに行く予定だったのだ。ほぼ半年にわたって、兵吾と主税はオーストラリアについて調べに調べ、天気図にも毎日アクセスしてきた。特に楽しみにしていたのは、モートン島行きだった。この島では「客一人にイルカ一頭を保証します」と案内にあった。毎朝晩、〝自分のイルカ〟に餌《えさ》をやれるのだ！

だが、お父さんが無菌性髄膜炎というこわい病気にかかって、最低でも一か月は入院することになってしまった。結局、お母さんだけが、（とんでもなく痛い）予防注射を何本も打ったあげく看病に行くことになったのである。

そんな騒動の最中に大叔父さんからたまたま連絡があって、事情を話したら、兄弟を引き受けようと申し出てくれたのだ。大叔父さんは北鎌倉の古い屋敷《やしき》に独りで住んでいる。

都合のいいことに、北鎌倉の手前の駅にはありとあらゆる塾があるらしい。主税が通っている塾の支部もちゃんとある。しかも鎌倉からなら東京にも通える。ちょっと早起きすれば学校の夏期行事や部活にも出られるということだ。

渡りに船と、お母さんは息子たちの北鎌倉行きをすぐに決めてしまった。「この際、お父さんに余計な心配をかける必要はないわね」と言って相談さえしなかったのだ。もっとも、相談されたらお父さんは反対したかもしれない。兄弟のあずかり知らぬ理由でお父さんは北鎌倉の実家には、ほとんど帰ろうとしないからだ。

それはさておき、主税はもう五年生だ。この夏を逃したら、中学受験がすむまでオーストラリアには行けないだろうということで企画した旅行でもあった。

〈もう、ぜんぜん、無理じゃないか〉

主税は足もとの麦わら帽子をおもいきりけっとばすと、お母さんにつかまる前にすばやく逃げ出した。

お母さんはやれやれという顔をしたが、何も言わなかった。

（朽木《くつき》祥《しょう》「月白青船山」より　一部改変）

＊大叔父…祖父母の兄弟。ここでは、兵吾と主税の祖父の弟にあたる人。
＊鶴岡八幡宮…鎌倉市にある神社。

思考力

問 国語の授業で文章を読み、「兵吾」の人物像について考えることになった。グループで話し合う前に、まず、自分の考えをノートにまとめた。次はある生徒の【ノートの一部】である。□に入る「兵吾」の人物像の根拠となる一文を抜き出して、その初めの五字を書け。

【ノートの一部】

（「兵吾」の人物像）
自分の本心をあまり言葉や態度に表さない人物だと思った。
●根拠となる表現
□

【説明的文章】指示語

出題率
8.0%

1 指示語

指示語は「これ」「そう」「あの」のように、何かを指し示す言葉のこと。**手順を理解して、正確に指示内容を把握し、文脈を正しく読み取ろう。**

■ 指示する語句

「これ・その・あの・どれ」など、物事を指し示す働きをもつ言葉をまとめて「**指示語**」という。一般に「**こそあど言葉**」といわれているものである。指示語は、次のようにまとめられる。

	近称	中称	遠称	不定称
指示代名詞	これ	それ	あれ	どれ
副詞	こう	そう	ああ	どう
連体詞	この	その	あの	どの

■ 指示内容のとらえ方

①指示語の前に注目する

指示語の指す内容は、ふつう指示語の前にある。指示語に近い部分から順に探していく。

例 托卵《たくらん》は、だましの一種である。だまされるほうは、それを見破るに越したことはない。⬇「**それ**」の指すもの＝「**托卵**」

よくでる 指示語のあとの言葉もヒントになる。「見破るに越したことはない」といえるものは何か?

②置き換えて確認する

指示語の指す内容に見当をつけたら、その言葉を指示語に置き換えて、文脈上、意味が正しく通じるかどうかを確認する。

例 托卵は、だましの一種である。だまされるほうは、それ（＝**托卵**）を見破るに越したことはない。

⬇「それ」を「托卵」に置き換えて文章が通じることを確かめる。

よくでる 指示語の指す部分に、別の指示語が含まれる場合は、その指示語の指す内容も読み取る必要がある。

入試問題で実力チェック!

解答解説 別冊 P.15

1 次の文章を読んで、あとの問いに答えなさい。〈長崎県〉

動物と人間の知性の違いは甚だしく大きいが、それは単純に遺伝子の違い、脳の構造の違いにすべて起因するものではない。人間の認識の基礎になるほとんどの要素は、人間以外の動物にも共有されている。ことばを話す以前の人間の赤ちゃんの認識は、人間の大人よりも、動物のそれに近いといってよいかもしれない。人間以外の動物と人間の子どもの間で大きく異なるのは、持っている知識を使って、さらに学習していく学習能力なのだ。言語は、私たち人間に、伝達によってすでに存在する知識を次世代に伝えることを可能にした。しかし、それ以上に、教えられた知識を使うだけでなく、自分で知識を創り、それを足がかりにさらに知識を発展させていく道具を人間に与えたのだ。

（今井《いまい》むつみ「ことばと思考」より）

問 ——線部「それ」の指示する語を文中から抜き出せ。

［　　　　　　　］

2 次の文章を読んで、あとの問いに答えなさい。〈高知県〉

日本には昔から生け花がある。今では海外でもイケバナという日本語がそのまま通じるが、英語にしてフラワーアレンジメントということもある。しかし、日本の生け花と外国でフラワーアレンジメントと呼ばれるものは、どこか違うのではないかと前々から思っていた。そこで、いつだったか、福島光加《ふくしまこうか》という草月《そうげつ》流の花道家に会ったとき、「生け花とフラワーアレンジメントはどう違うのですか」と尋ねてみた。

福島は日本在住の多くの外国人に生け花を教えているだけでなく、しばしば外国に出かけて指導もしている人なので、きっとこういうことに詳しいだろうと思ったのだ。すると、たちどころに、「フラワーアレンジメントは花によって空間を埋めようとするのですが、生け花は花によって空間を生かそうとするのです」という明快な答えが返ってきた。

そのとき、この答えは生け花とフラワーアレンジメントの違いをいいえているだけでなく、日本の文化と西洋の文化の違いにも触れているのではないかと思ったことを今でも覚えている。

（長谷川櫂《はせがわかい》「和の思想」より）

＊草月流…生け花の流派の一つ。

問 ——線部「こういうこと」とあるが、これはどういうことを指しているか。そのことを具体的に表現している部分を、文章中から十八字でそのまま書き抜け。

3 次の文章を読んで、あとの問いに答えなさい。〈宮崎県〉

言語には同音異義語というものがあり、「受身」「自発」「尊敬」「可能」を表わす「れる」「られる」は、たまたま発音が同じな同音異義語なのかもしれない。しかし、4つの単語の発音がたまたま同じというのは不自然で、同じ1つの単語がさまざまな用法を持っていると解釈したほうがより自然であり、そうだとすれば、「受身」「自発」「尊敬」「可能」の間に何らかの繋《つな》がりがあると考えるべきだろう。

まず、「自発」は、ものごとが自然に起こるという意味を表わす。一方、「受身」は、前述したように、視点人物にとって好ましくないことが起こってしまう、という意味を表わしていた。そうすると、「自発」と「受身」は、主体が積極的に関与していないにもかかわらず、ある結果が生じるという点では共通していると言える。

一方、それが「尊敬」とどう繋がるかと言うと、目上の人の行動に目下が介入することはできないため、目上の人の行動によってもたらされた結果は、目下にとっては、目下が主体的に関わることなく得られた結果であり、そのことから「尊敬」を表わす用法が生じたと考えることができる。しかし、「可能」は、それが主体の能力を問題にしているなら、むしろ主体が積極的に関与することになるのではないだろうか。それなら、「可能」は他の用法とかなり異なることになってしまう。

じつは、もともと「可能」の用法は、主体の能力を問題にするというより、能力があれば容易に行為の結果が得られるという意味で用いられていた。つまり、「可能」の用法においても、能力より、それによって得られる結果のほうが重視されていたのである。そうだとすれば、他の用法から「可能」の意味が派生しても不思議ではない。しかし、その後、「可能」の用法は次第に能力を意味するようになり、他の用法との違いが目立つようになって来た。

そして、このことが五段活用動詞に「書ける」のような可能動詞が成立した理由であり、また、今日、一段活用動詞に「食べれる」のような「ら抜き言葉」が普及しつつある理由であると考えることができる。

（佐久間《さくま》淳一《じゅんいち》「本当にわかる言語学」より　一部改変）

問 ——線部「このこと」について、その指示する内容を説明したものとして、最も適当なものを、次のア〜エから一つ選べ。

ア 可能の用法が時代の変化に伴い異なる用法に変化したこと。
イ 可能の用法と他の用法の併存状態が一つに統一されたこと。
ウ 可能の用法と他の用法との意味のつながりが薄らいだこと。
エ 可能の用法に本来の用法とは関係のない意味が付いたこと。

［　　］

4 次の文章を読んで、あとの問いに答えなさい。〈栃木県〉

読者が自由に読めるということは、理論的に小説には「完成した形」とか「完全な形」がないという結論を導く。小説はいつも「未完成品」なのだ。文学理論では、読書行為について考える理論を「受容理論」と呼ぶ。英語で書かれた文学理論書を多く翻訳している大橋洋一*は、受容理論の観点からこの点について次のように述べている。

受容理論の観点からみると（中略）、読者とは、限られた情報から全体像《ゲシュタルト》をつくりあげること。これを読者と作者との関係からいうと、読者は作者からヒントをもらって、自分なりに全体像をつくりあげるといってもいいかもしれません。（『新文学入門』岩波書店、一九九五・八）

ここで言う「全体像」は、音楽の音階を考えるとわかりやすい。「ドレミファソラシド」の音階はピアノの右側の高い音で弾いても、左側の低い音で弾いても同じように聞こえる。あるいは、ギターで弾いても同じ「ドレミファソラシド」に聞こえる。絶対音や音の種類が違うのに不思議な現象だ。こういう現象について、人間には「ドレミファソラシド」という音階を「全体像」として認識する能力があるので、たとえどの音階でもどんな種類の音でも、一つ「ミ」という音を聴いただけでそれが「ドレミファソラシド」のどの位置にある音かがわかると考えるのが「全体像心理学」である。

（石原《いしはら》千秋《ちあき》「読者はどこにいるのか」より　一部改変）

＊大橋洋一…日本の英文学者。

問　――線部「こういう現象」とあるが、どのような現象か。文末が「という不思議な現象。」となるように四十字以内で書け。

という不思議な現象。

5　次の文章を読んで、あとの問いに答えなさい。〈山口県〉

対話では、「何が言いたいのか」ということが常に大切であるわけです。

「何が言いたいのかがわからない」対話は、テーマが明らかでないのと同様、「何を話しているのかわからない」ということになりますね。その「テーマ」について「何が言いたいのか」がはっきりと相手に見えなければなりません。

ところが、その「言いたいこと」がなかなか見出《みいだ》せないあなたには、どのような課題があるのでしょうか。

「言いたいこと」を見出すために、あなたは、おそらくまず「情報の収集を」と考えていませんか。情報がなければ、構想が立てられない、だから、まず情報を、というのがあなたの立場かもしれません。

しかし、この発想をまず疑ってみてください。

（細川《ほそかわ》英雄《ひでお》「対話をデザインする―伝わるとはどういうことか」より　一部改変）

問　――線部「この発想」とあるが、どのような発想か説明せよ。

【古文】内容理解

出題率
98.0%

1 心情の理解

登場人物や作者の心情を読み取ろう。その際、心情を表す言葉に着目する。

心情を表す形容詞・形容動詞

例 おもしろし（おもむき深い）・心にくし（おくゆかしい）・うしろめたし（気がかりだ）・心もとなし（じれったい）・あはれなり（おもむき深い）　など

■ **登場人物の心情を読み取る**

古文においても、登場人物の心情を理解することは重要である。文章中に登場人物の心情を表現する語があれば、必ずチェックしながら読み進めよう。

2 内容の理解

ここでは、古文の内容をより深く理解するための手順を説明する。

■ **内容理解の手順**

①内容の理解

文章を丁寧に読み、具体的な登場人物・場面などを押さえる。特に、中心になる登場人物（主人公）の言動は、実際の行動とそれにともなう心情の両面を読み取っていくことが大切である。

②大意を読み取る

全体の話のあらましをとらえる。その文章が、話の発端・展開・結論のどの部分であるかを意識して読む。

ミス注意

主題をとらえるときは、作者の考えを述べた部分と、登場人物の言葉や考えを述べた部分とを区別する。

その文章のテーマは何か、それについて作者の考えはどのようなものかを押さえる。

作者の最も言いたいことは、文章の最後に書かれていることが多いので、主題を問われたら、最後の文に注目するとよい。

よくでる

①内容を問う設問
多くの場合は仮名遣いや文法の問題のあとに置かれることが多く、あらかじめこの設問の選択肢に目を通すことで、本文の話題や登場人物をチェックできる。
②表現技法などと合わせた設問
「比喩を多用」「擬音語・擬態語を多用」など、その文章の表現のしかたと内容を合わせたものが問われる。
③主題を問う設問
話題の中心となっていること、作者の最も言いたいことが問われる。

入試問題で実力チェック!

解答解説 別冊 P.17

1 次の文章を読んで、あとの問いに答えなさい。〈福島県〉

*道者《だうしや》の行《ぎやう》は、善行《ぜんぎやう》・悪行《あくぎやう》、皆、思はく(深い考え)あり。人の量るところ(普通の人の考え及ぶ)にあらず。

昔、*恵《ゑ》心僧都《しんそうづ》、一日《いちにち》(ある日)、庭前《ていぜん》(庭先で)に草を食《じき》する鹿《しか》を、人をして打ち追はしむ(人に命じて打ちたたいて追い払わせた)。時に(その時に)、ある人(そこにいた人)問うていはく、「師、慈悲なきに似たり(見えます)。草を惜しみて、*畜生《ちくしやう》を悩ますか(苦しめるのですか)。」僧都のいはく、「我、もしこれを打たずんば(打ちたたかなければ)、この鹿、人になれて、悪人に近づかん時、必ず殺されん。この故《ゆゑ》に打つなり。」

鹿を打つは慈悲なきに似たれども、内心(心の中にある)の道理*、慈悲の余ることかくの如《ごと》し(このとおりである)。

(懐奘《えじよう》「正法眼蔵随聞記《しようぼうげんぞうずいもんき》」より)

*道者…仏道を修める人。　*恵心僧都…平安時代の僧。
*畜生…けもの。　*道理…筋の通った考え方。

思考力

問 次の会話は、本文について授業で話し合ったときの内容の一部である。あとの(1)・(2)の問いに答えよ。

Aさん「恵心僧都の行為について、そこにいた人が思いやりがないと考えた理由が、『 I 』という部分からわかるよね。」
Bさん「でも、僧都の心の中には深い考えがあったのよね。」
Cさん「そうだね。僧都は人間になれて悪人に近づくと、きっと殺されてしまうと考えたから、鹿を追い払わせたんだね。」
Aさん「そう考えると、僧都の行為はまさしく『慈悲の余ること』の表れだったと言えるね。」
Cさん「そこにいた人は、僧都の行為を II にとらえたから、心の中にある深い考えに気づかなかったのだと思うよ。」

正答率 67.6%

(1) I にあてはまる最も適当な言葉を、本文(文語文)中から十五字でそのまま書き抜け。

正答率 76.1%

(2) Ⅱ にあてはまる最も適当な言葉を、次のア～オの中から一つ選べ。

ア 肯定的　イ 本質的　ウ 同情的
エ 表面的　オ 具体的

［　　］

2 次の文章を読んで、あとの問いに答えなさい。〈高知県〉

奈良の都に八重桜と聞こゆるは、当時も東円堂《とうゑんだう》の前に有り。そのかみ、時の后《きさき》、上東門院《じやうとうもんゐん》、興福寺《こうぶくじ》の別当《べつたう》に仰《おほ》せて、かの桜を召されければ、掘りて車に載せて参らせける。

ある大衆《だいしゆ》の中に見合ひて、事の子細を問へば、「しかじか」と答へけるを、「名を得たる桜を、左右《さう》なく参らせらるる別当、返す返す不当なり。ひが事なり。且《か》つは色もなし。后の仰せなればとて、これ程の名木をいかでかまゐらすべし。とどめよ」とて、やがて貝を吹き、大衆をもよほして打ち留《とど》め、「別当をも払ふべし」などまでののしりて、「この事によりて、いかなる重科にも行はるれば、我が身張本《ちやうぼん》に出《い》づべし」とぞいひける。

この事、女院《にようゐん》聞こしめし給《たま》ひて、「奈良法師は心なき者と思ひたれば、わりなき大衆の心かな。まことに色深し」とて、「さらば、我が桜と名付けん」とて、伊賀国与野《いがのくによの》といふ庄《しやう》を寄せて、花の盛り七日、宿直《とのゐ》を置きてこれを守らせる。今にかの庄、寺領たり。昔もかかるやさしき事ありけるにこそ。

（無住《むじゆう》「沙石集《しやせきしゆう》」より）

＊当時…現在。
＊東円堂…興福寺の中の建物。
＊そのかみ…その昔。
＊上東門院…一条天皇の后である彰子のこと。
＊別当…僧の職の一つ。
＊ある大衆の中に見合ひて…多くの僧たちの中のある僧がこれに出くわして。
＊しかじか…こうこうです。
＊左右なく…無造作に。
＊やがて貝を吹き、大衆をもよほして…すぐにほら貝を吹き、多くの僧たちを集めて。
＊ののしりて…騒ぎ立てて。
＊重科…重罪。
＊張本…張本人。
＊女院…上東門院と同じ人物。
＊わりなき…思いがけなく素晴らしい。
＊庄を寄せて…庄園を寄付して。
＊宿直…番人。
＊今にかの庄、寺領たり…今でもこの庄園は興福寺の領地である。

ハイレベル　正答率 29.5%

問 この文章で述べられている内容の説明として最も適切なものを、次のア～エの中から一つ選べ。

ア 名木である桜を后に間違って献上しようとした僧と、その僧の思慮の無さに立腹した后の行いをあげて、昔にも困った出来事があったのだということを述べている。

イ 名木である桜を后に考えもなく献上することをとめた僧と、その僧の心根をほめた后の行いをあげて、昔にも風雅な出来事があったのだということを述べている。

ウ 名木である桜を后に献上しようと寺の仲間に呼びかけた僧と、その僧にほうびを与えた后の行いをあげて、昔にも感心な出来事があったのだということを述べている。

エ 名木である桜を后に献上することを取りやめた僧と、その僧の重罪をとがめた后の行いをあげて、昔にも興味深い出来事があったのだということを述べている。

［　　］

3 次の文章を読んで、あとの問いに答えなさい。〈兵庫県〉

鎌倉中書王《かまくらのちゅうしょわう》にて御鞠《まり》ありけるに（鎌倉中書王の御所で蹴鞠の会が）、雨降りて後、未《いま》だ庭の乾かざりければ、いかがせんと沙汰ありけるに（相談することが）、佐々木隠岐入道《ささきのおきのにふだう》、鋸《のこぎり》の屑《くづ》（おがくず）を車に積みて、おほく奉《たてまつ》りたりければ、一庭に敷かれて、泥土《でいと》のわづらひなかりけり。「取り溜《た》めけん用意、ありがたし」と、人感じ合へりけり。

この事をある者の語り出《い》でたりしに、吉田中納言《よしだのちゅうなごん》の、「乾き砂子の用意やはなかりける」とのたまひたりしかば（おっしゃったので）、恥づかしかりき。いみじと思ひける鋸の屑、いやしく、異様《ことやう》の事なり。庭の儀を奉行する人、乾き砂子を設くるは、故実なりとぞ（ということだ）。

（兼好法師《けんこうほうし》「徒然草《つれづれぐさ》」より）

＊鎌倉中書王…後嵯峨《ごさが》天皇の皇子、宗尊《むねたか》親王。鎌倉幕府の第六代将軍。
＊御鞠…蹴鞠。数人が鞠を蹴り、地面に落とさないように受け渡しする遊び。
＊庭の儀を奉行する人…庭の整備を担当する人。
＊故実…古くからのしきたり。

問一 ――線部の説明として最も適切なものを、次のア～エから一つ選べ。

ア 庭の状態に合わせて砂ではなくおがくずで対応したらしい入道の判断力に感心している。
イ いざというときに備えておがくずを集めておいたのであろう入道の心がけに感心している。
ウ おがくずを運び去るために車を準備していたのであろう入道の心配りに感心している。
エ 気を利かせてすぐに乾いた砂を用意させたらしい入道の機転と行動力に感心している。

〔　　〕

問二 本文における筆者の考えとして、最も適切なものを、次のア～エから一つ選べ。

ア 時代の移り変わりとともに、人々のものの見方も変わっていく。
イ ものを教わるにしても、相手を選ばないと恥をかくことになる。
ウ 人の言うことを真に受けていると、容易にだまされてしまう。
エ 知識が不足していると、ものごとの価値を見誤ることになる。

〔　　〕

【古文】仮名遣い

出題率
70.7%

1 歴史的仮名遣い

現代仮名遣いと歴史的仮名遣いの違いを正しく覚えて、古文をスムーズに読めるようにする。

①「は・ひ・ふ・へ・ほ」

語頭と助詞を除き「わ・い・う・え・お」に直す。

例 はし→はし（「は」は単語の最初にあるので変えない）
つはもの（兵）→つわもの（「は」は「わ」に変える）
かひ（貝）→かい（「ひ」は「い」に変える）
とふ（問ふ）→とう（「ふ」は「う」に変える）
いへ（家）→いえ（「へ」は「え」に変える）
こほり（氷）→こおり（「ほ」は「お」に変える）

＊例外 複合語の場合、もとの単語の語順はそのまま読む

ミス注意 「は・ひ・ふ・へ・ほ」が単語の初めにある場合は、直さずそのまま。すべて「わ・い・う・え・お」にするわけではないので注意。

②「ゐ・ゑ・ぢ・づ」

古典の文章中ではしばしば用いられる文字。
「ゐ→い」「ゑ→え」「ぢ→じ」「づ→ず」と直す。

例 ゐなか（田舎）→いなか　ゐる（居る）→いる
ゑむ（笑む）→えむ　こゑ（声）→こえ
ぢごく（地獄）→じごく　はぢ（恥）→はじ
づし（厨子）→ずし　みづ（水）→みず

③「くわ・ぐわ」

「か・が」に直す。

例 くわじ（火事）→かじ
ぐわん（願）→がん
ぐわんじつ（元日）→がんじつ

④母音が重なる語「au・iu・eu」

「au＝ō」「iu＝yū」「eu＝yō」に直す。

例 やうやう（yauyau）→ようよう（yōyō）
しうく（秀句）（siuku）→しゅうく（syūku）
せうと（兄人）（seuto）→しょうと（syōto）

＊二つのきまりを組み合わせたものもある。

例 (1) **けふ**（今日）
①「ふ」を「う」に直す。　けふ→けう
②「eu」を「yō」に直す。　けう→きょー→きょう

(2) **あふぎ**（扇）
①「ふ」を「う」に直す。　あふぎ→あうぎ
②「au」を「ō」に直す。　あうぎ→おーぎ→おうぎ

入試問題で実力チェック!

よくでる

1 次の文中の――線部「いひ出でらるるをり」は歴史的仮名遣いで書かれている。このひらがなの部分をすべて現代仮名遣いに直して、ひらがなで書け。〈京都府〉

おほよそ*初学《うひ》びのほどは、*心より外《ほか》に歌数多く出《い》で来《き》、又は思ふに従ひて口にいひ出でらるるをりもあるものなり。

（清水浜臣《しみずはまおみ》「泊洦筆話《ささなみひつわ》」より）

*初学び…習いはじめ。 *心より外に…意外に。

		出						

2 次の文章は「筑波問答《つくばもんどう》」の一節である。これを読んで、あとの問いに答えなさい。〈京都府〉

さればとて、そのままにてまた稽古《けいこ》なからんには、ただ節皮のある荒木にてぞやむべき、美しく削りみがきてこそ、うるはしき良材にもなりはべるべけれ。

問 本文中の なからん みがきて うるはしき はべるべけれ のうち歴史的仮名遣いで書かれているものを一つ選び、現代仮名遣いに直してすべてひらがなで書け。

〔　　　　〕

3 次の文章を読んで、あとの問いに答えなさい。〈富山県〉

武州《ぶしう》に西王《さいわう》の阿闍梨《あじやり》と云《い》ふ僧有りけり。「御年《おんとし》は、いくらにならせたまひさふらふぞ」と、人の問ひければ（ア）、「六十に余りさふらふ」と云ふに、七十に余りて見えければ、不審に覚《おぼ》えて、「六十には、いくら程余りたまへる（イ）」と問へば、「十四余りてさふらふ」と云ひける。遥《はる》かの余りなりけり。七十と云へるよりも、六十と云へば（ウ）、少し若き心地して、かく云ひける。人の常の心なり。色代《しきだい》にも、「御年よりも、遥かに若く見えたまふ」と云ふは嬉《うれ》しく、「ことのほかに老いてこそ見えたまへ（エ）」と云へば、心細く本意《ほい》なきは、人ごとの心なり。

（注）僧がいた／「お年は、いくつにおなりですか」／人が尋ねたところ、「六十には余ります」／疑わしく思えて、「六十には、どれほど余り／すぎであった。／こう答えたのだった。人の心の常である。／お世辞でも、／残念なのは、／だれしも同じである。

（無住《むじゅう》「沙石集《しゃせきしゅう》」より）

問 ――線部ア〜エの中で、現代の仮名遣いと同じであるものを一つ選べ。

〔　　　　〕

解答解説 別冊 P.18

1 動作主の見つけ方

古文では、主語が省略されていることが多い。正確に動作主をつかむために、いくつか注意すべき点がある。

■ 助詞などを補う

例 今は昔、唐《もろこし》に、孔子《こうし》**(が)**、道を行き給《たま》ふに、八つばかりなる童**(に)**あひぬ。**(童が)**孔子に問ひ申すやう、「日の入る所と洛陽《らくやう》と、いづれか遠き」と。
(「宇治拾遺物語《うじしゅういものがたり》」より)

＊( )内の太字は補った語。「**が**」を補える場合は、その語が主語だと考えられる。

(現代語訳)今となっては昔のことであるが、唐で、孔子が、道を歩きなさっていると、八歳ぐらいの子どもに出会った。(その子どもが)孔子に尋ね申すことには、「日が沈む所と洛陽(＝唐の都市名)とでは、どちらが遠いのですか」と。

よくでる
古文では、現代文よりも主語や助詞などの省略が多いので、語を補って読む必要がある。

ミス注意
体言のすぐあとに「、」がある場合、その体言が文の主語であることが多い。まれに目的語であることもあるので、文章全体をしっかり読んで判断しよう。

■ 主語が省略されている場合

例 今は昔、A竹取《たけとり》の翁《おきな》といふものありけり。野山にまじりて竹を取りつつ、よろづのことに使ひけり。
(「竹取物語《たけとりものがたり》」より)

古文では、初めに主語が示されて、それ以降は省略されることが多い。Aは、「**ありけり**」のほか、次の文の「**まじりて**」「**取りつつ**」「**使ひけり**」のそれぞれの語の主語である。

＊このように、その文ではなく、直前の文に主語が明示されている場合や、他にも文の途中で主語が入れかわる場合も多いので要注意。

よくでる
古文は、一般に現代文に比べて一文が長い。正確に文脈をとらえながら読み、常に「だれの動作か」を意識することが要求される。主語を省略した文の中で、主語が何度も変わることがあるからだ。特に、文中に動詞が出てきたら、だれの動作なのかを確認しながら読んでいくとよい。

■ 敬語を手がかりにする

特に尊敬語が用いられている場合、その動作主はその文章に登場する身分の高い人と考える。ただし、身分の高い人の動作すべてに敬語を用いるとは限らない。また、それほど身分が高くない人の動作にも敬語を用いることがあるので、よく注意すること。あくまでも一つの目安として考えよう。

入試問題で実力チェック！

正答率 67.9%

1 次の文章中の——線部「大人《おとな》ごとに見せたる」の動作の主にあたるもの（人や物など）は何か。適切なものを、ア〜エの中から一つ選べ。〈山梨県〉

〔原文〕

うつくしきもの　瓜《うり》にかきたるちごの顔。ア雀《すずめ》の子のねず鳴きするにをどり来《く》る。イ二《ふた》つ三《み》つばかりなるちごの、いそぎて這《は》ひ来《く》る道に、いと小さき塵《ちり》のありけるを、目ざとに見つけて、ウいとをかしげなる指《および》にとらへて、大人ごとに見せたる、いとうつくし。頭《かしら》はエあま*そぎなるちごの、目に髪《かみ》のおほへるを、かきはやらで、うちかたぶきて物など見たるも、うつくし。

〔現代語訳〕

かわいらしいもの　瓜に描いてある幼児の顔。雀の子が、ねずみのように鳴いて呼ぶと、おどるようにして来るの。二歳か三歳ぐらいの幼児が、急いで這って来る道に、とても小さいごみのあったのを、目ざとく見つけて、とても愛らしげな指につかまえて、大人たちに見せているのは、とてもかわいらしい。髪は尼そぎにそいである幼女が、目に髪がかぶさっているのを、かきのけることはしないで、顔を傾けて物など見ているのも、かわいらしい。

（清少納言《せいしょうなごん》「枕草子《まくらのそうし》」より）

＊あまそぎ…髪を肩のあたりで切りそろえる女児の髪型。

〔　　〕

正答率 73.8%

2 次の文章中の ア聞きつけ　イかさね　ウ砕き　エあきれ の中で、主語にあたる人物が異なるものを選べ。〈栃木県〉

＊上野国《かうづけ》の士人＊の家に、秘蔵の皿二十枚ありし。もしこれを破《わ》るものあらば、一命を取るべしと世々いひ伝ふ。然《しか》るに一婢《ひ》＊あやまちて一枚を破りしかば、合家＊みなおどろき悲しむを、裏に米を臼《うす》つく男、これをア聞きつけて、わが家に秘薬ありて、破れたる陶器《すゑもの》を継ぐに跡も見えず。先《ま》づその皿を見せ給《たま》へといふに、皆色を直して、その男を呼びて見せしに、二十枚をイかさねて、つくづく見るふりして、持ちたる杵《きね》にて微塵《みぢん》にウ砕きたり。人々これはいかにとエあきれたれば、笑《わら》ひていふ。一枚破りたるも、二十枚破りたるも、同じく一命をめさるるなれば、皆わが破りたると主人に仰《おほ》せられよ。この皿、陶器なれば一々破るる期あるべし。然らば二十人の命にかかるを、我一人の命をもて償ふべし。継ぐべき秘薬ありといひしは偽りにて、かくせんがためなりと、一寸もたぢろかず、主人の帰りを待ちたるに、主人帰りてこの子細《しさい》を聞きて、その義勇を甚だ感じ、城主へ申して士に取りたてられたりしが、はたして廉吏《れんり》＊成りしとかや＊。

（伴蒿蹊《ばんこうけい》「閑田耕筆《かんでんこうひつ》」より）

＊上野国…旧国名で、現在の群馬県にあたる。　＊士人…武士。
＊婢…召し使いの女。　＊合家…家中。
＊廉吏…心が清く、私欲のない役人。　＊とかや…ということだ。

〔　　〕

解答解説 別冊 P.19

3

次の文章を読んで、あとの問いに答えなさい。〈栃木県・改〉

ある時、鷲《わし》かたつぶりを食らはばやと思ひけれど、いかんともせん事を知らず、ア思ひわづらふ所に、烏《からす》かたはらより進み出《い》でて申しけるは、「このかたつぶりをほろぼさん事、いとやすき事にてこそ侍《はべ》れ。我申すべきやうにし給《たま》ひて後、我にその半分をイあたへ給はば、教へ奉《たてまつ》らん。」といふ。鷲うけがうてそのゆゑをウ問ふに、烏申しけるは、「このかたつぶりを摑《つか》みあがり、高き所よりおとし給はば、その殻たちまちに砕けなん。」とエいふ。案のごとくし侍りければ、たやすく取ってこれを食ふ。

（「伊曾保物語《いそほものがたり》」より）

よくでる

問 ア思ひわづらふ　イあたへ　ウ問ふ　エいふ　の中で、主語が異なるものを選べ。

〔　　　　〕

ハイレベル　正答率27.2%

4

次の文章中の――線部ア～エの言葉のうち、行為をするものが他の三つとは異なるものを一つ選べ。〈高知県〉

さるほどに、ゐのしし、子どもあまた並《な》みゐける中に、ことにちひさきゐのしし、我慢おこして、「総の司《つかさ》となるべし」と思ひて、歯を食ひしばり、目を怒らし、尾を振ってとびめぐれども、傍輩《はうばい》ら一向これを用いず。かのゐのしし、ア気を砕ひて、「所詮《しよせん》かやうのやつばらに与《くみ》せんよりは、他人に敬はればや」と思ひて、羊どもの並みゐたる中に行きて、前のごとく振る舞ひければ、羊勢ひにおそれてイ逃げ隠れぬ。さてこそこのゐのしし本座を達してゐける所に、狼《おほかめ》一疋《びき》馳《は》せ来《きた》りけり。「あはや」とは思へども、「われはこれ主《あるじ》なれば、かれもさだめておそれなん」とて、さらぬ体《てい》にてゐける所を、狼とびかかり、耳をくはへて山中に到《いた》りぬ。羊もって合力《かふりよく》せず。ウをめき叫び行くほどに、かのゐのししの傍輩、この声を聞きつけて、つひに取りこめ助けにけり。その時こそ、「無益の謀反《むほん》しつるものかな」と、もとのゐのししらにエ降参しける。

そのごとく、人の世にある事も、よしなき慢気をおこして、人を従へたく思はば、かへってわざはひを招くものなり。つひにはもとのしたしみならでは、真の助けになるべからず。

（「伊曾保物語」より）

＊我慢おこして…強く自負して。
＊総の司…全体のかしら。
＊傍輩…仲間。
＊かやうのやつばらに与せんよりは…このようなものどもの仲間でいるよりは。
＊本座を達して…思いを遂げて。
＊狼…おおかみ。
＊あはや…ああ。
＊さらぬ体にて…なんでもないようすで。
＊合力…援助。
＊したしみ…親しいもの。

〔　　　　〕

5 次の文章を読んで、あとの問いに答えなさい。〈京都府〉

野は菊・萩《はぎ》咲きて、秋のけしき程、しめやかにおもしろき事はなし。心ある人は歌こそ和国の風俗なれ。何によらず、花車《きやしや》の道こそ一興なれ。

奈良の都のひがし町に、*しをらしく住みなして、明暮《あけくれ》茶の湯に身をなし、興福寺《こうふくじ》の、*花の水をくませ、かくれもなき*楽助《らくすけ》なり。

ある時この里の*こざかしき者ども、*朝顔の茶の湯をのぞみしに、兼々日《かねがね》を約束して、万《よろづ》に心を付けて、その朝*七つよりこしらへ、この客を待つに、大かた時分こそあれ、昼前に来て、*案内《あない》をいふ。

亭主腹立《ふくりふ》して、客を*露路《ろぢ》に入れてから、挑灯《ちやうちん》をともして、むかひに出《いづ》るに、客はまだ合点ゆかず、夜の足元するこそ、をかしけれ。あるじおもしろからねば、花入れに土つきたる、芋の葉を生けて*見すれども、その通りなり。兎角《とかく》心得ぬ人には、心得あるべし。亭主も客も、心ひとつの*数寄人《すきびと》にあらずしては、たのしみもかくるなり。

(「西鶴諸国《さいかくしょこく》ばなし」より)

*しをらしく…上品に。
*花の水…「花の井」という、井戸からくんだ名水。
*楽助…生活上の苦労がない人。
*こざかしき…利口ぶって生意気な。
*朝顔の茶の湯…朝顔が咲く時間に行われる茶の湯。
*七つ…四時頃。
*案内…取り次ぎの依頼。
*露路…茶室に至るまでの庭。
*見すれども…見せたが。
*数寄人…茶の湯に深い愛着を持つ人。

問 本文中の‖線部で示されたもののうち、主語が一つだけ他と異なるものがある。その異なるものを、次のア〜エから選べ。

ア 住みなして
イ くませ
ウ いふ
エ 入れて

〔　　〕

【漢文】訓読のきまり

出題率 24.0%

1 訓読のきまり

すべて漢字で書かれた漢文を日本語の文章として読むことを訓読という。訓読のためには、送り仮名や返り点をつけた訓読文や、訓読文を漢字仮名交じりの文にした書き下し文にする。

■ 訓点（送り仮名や返り点）

送り仮名→漢字の右下に小さく書く。助動詞や助詞、用言の活用語尾など。

有《あり》レ 朋《とも》 自《より》二 遠 方一 来《タル》。

レ点→すぐ上の漢字に返る。左下に小さく書く。

一・二点→間に字をはさんで上の字に返る。左下に小さく書く。

（書き下し文） 朋有り遠方より来たる。

（現代語訳） 友だちが遠方よりやって来た。

①送り仮名

助動詞や助詞、用言の活用語尾などを漢字の右下に**カタカナ**で示したものを**送り仮名**という。送り仮名には、歴史的仮名遣いを用いる。

②返り点

返り点とは、漢字を読む順序を示す記号のこと。

1 レ点

下から上に一字返って読むときに用いる。

例 読《ム》レ 書《ヲ》。　2 1（読む順）

2 一《いち》・二《に》点

二字以上、下から上に返って読むときに用いる。

例 悪 事 行《ク》二 千 里《ヲ》一。　1 2 5 3 4（読む順）

ミス注意

返り点をつける問題で一・二点をつけるとき、「○一 ○ ○二」としないように注意する。一点→二点の順で読むので、「○二 ○ ○一」となる。

ミス注意

「㆑」点は、「レ点」と「一点」を組み合わせたもの。
＊このほか返り点には「上中下点」「甲乙丙丁点」などもある。

入試問題で実力チェック!

解答解説 別冊 P.20

1 次の書き下し文と漢文を読んで、あとの問いに答えなさい。 〈兵庫県〉

〔書き下し文〕

魏《ぎ》の明帝《めいてい》、宣武場上《せんぶぢやうじやう》（のあたりで）に於《お》いて、虎の爪牙《さうが》を断ち、百姓《ひやくせい》（多くの人民）の之《これ》を観るを縦《ゆる》す。王戎《わうじゆう》七歳なるも、亦《また》往《ゆ》きて看《み》る。虎間《すき》を承《うかが》ひ欄《おり》に攀《よ》ぢて吼《ほ》え、其《そ》の声地を震はす。観る者辟易顛仆《へきえきてんぷ》せざるは無し。戎湛然《たんぜん》として動ぜず。了《つひ》に恐るる色無し。

〔漢文〕

魏ノ明帝、於イテ二宣武場上ニ一、断チ二虎ノ爪牙ヲ一、縦ス二百姓ノ観ルヲレ之ヲ。王戎七歳ナルモ、亦往キテ看ル。虎承ヒレ間ヲ攀ヂテレ欄ニ而吼エ、其ノ声震ハスレ地ヲ。観ル者無シ不ざルハ辟易顛仆セ。戎湛然トシテ不ずレ動ゼ。了ニ無シ二恐ルル色一。

（劉義慶《りゅうぎけい》「世説新語《せせつしんご》」より）

＊魏明帝…古代中国の魏の国の皇帝。
＊宣武場…兵士を訓練するための広場。練兵場。
＊王戎…人物の名。
＊辟易顛仆…たじろいで倒れ伏す。
＊湛然…しずかなさま。

よくでる

問 書き下し文の読み方になるように、――線部に返り点をつけよ。

［ 観ル 者 無シ 不ざルハ 辟 易 顛 仆セ ］

2 「不入虎穴不得虎子」という漢文の一節について、次の問いに答えなさい。〈鳥取県〉

問 この一節の書き下し文「虎穴《こけつ》に入《い》らずんば、虎子《こじ》を得ず。」に従って、返り点を正しくつけたものを、次のア～エから一つ選び、記号で答えよ。

ア 不レ入二虎穴一、不レ得二虎子一。
イ 不レ入レ虎穴、不レ得二虎子一。
ウ 不レ入二虎穴一、不レ得レ虎子。
エ 不レ入レ虎穴、不レ得レ虎子。

［　　］

1 漢文の内容理解のポイント

漢文の内容を理解するためには、書き下し文や現代語訳をよく読んで、文脈を読み取ることが必要になる。漢文特有の表現にも注意するようにしよう。

■ 書き下し文と現代語訳

漢文には**白文**（漢字だけで書かれた文）と**訓読文**（白文に送り仮名や返り点などをつけた文）、**書き下し文**（訓読文を漢字仮名交じりにした文）がある。**現代語訳**がついている場合には、それと書き下し文などを見比べて、内容をとらえていくことが重要になる。

例 **〔漢文（書き下し文）〕**

荀巨伯《じゅんきょはく》、遠く友人の疾《やまひ》を看《みま》ひ、胡《こ》賊の郡を攻むるに値《あ》ふ。友人、巨伯に語りて曰《い》はく、「吾《われ》、今死なんとす。子《し》、去るべし。」と。巨伯曰はく、「遠く来たりて相視《み》るに、子は吾をして去らしめんとす。義を敗《そこな》ひて以《もつ》て生を求むるは、豈《あ》に荀巨伯の行ふ所ならんや。」と。

（『世説新語《せせつしんご》』より）

＊荀巨伯…漢の時代の人。　＊胡…北方または西方の異民族。

〔現代語訳〕

荀巨伯は、はるばる友人の病気を見舞ったが、折しも胡の賊軍がその郡に攻め込んできた。友人は、巨伯に向かって、「私は、今にも死ぬ身だ。君は、かまわず逃げてくれ。」と言った。巨伯は、「はるばると見舞いに来たのに、君は私に逃げろというのか。人の道を捨ててまで生き延びようとするなど、どうしてこの荀巨伯がそんなことをするだろうか。」と言った。

■ 漢文特有の表現

漢文には、現代語や古文とは異なる特有の表現がある。

例 **～いはく**→～が言うことには。～と言った。

「友人、巨伯に語りて曰はく、『吾、今死なんとす。子、去るべし。』と。」→「友人は、巨伯に向かって、『私は、今にも死ぬ身だ。君は、かまわず逃げてくれ。』と言った。」

豈《あ》に～や→どうして～か。（〔反語〕いや、けっして～ない。）

「豈に荀巨伯の行ふ所ならんや。」→「どうしてこの荀巨伯がそんなことをするだろうか（いや、けっしてしない）。」

～せんと欲《ほつ》す→～しようと思う。～したいと願う。

～のごとし→まるで～のようだ。

～するなかれ→～してはいけない。

～する能《あた》はず→～できない。

将《まさ》に～せんとす→今にも～しようとする。

～や→～か。～だろうか、いや～ではない。

入試問題で実力チェック!

解答解説 別冊 P.21

1 次の漢文の書き下し文は、周の国の「西伯《せいはく》」と呼ばれていた人物が、虞《ぐ》や芮《ぜい》など、まわりの国々をまとめていたときの話である。「西伯」は人望があり、公平な判断ができる人物と言われていた。よく読んで、あとの問いに答えなさい。〈山口県〉

西伯徳を修め《いつくしみ深い政治を行い》、諸侯*之《これ》に帰《き》す《西伯に従っていた》。虞・芮田を争ひ《田を取り合って》決すること能《あた》はず《解決することができなかった》。①乃《すなは》ち《そこで》周に如《ゆ》く。界に入りて《周の国に入って》耕す者を見るに、皆畔《あぜ》を遜《ゆづ》り《あぜ道を譲り》、民の俗皆長《人々はみな年長者を》に譲る《敬っていた》。二人慙*《は》ぢ、相《あい》謂《い》ひて《互いに》曰く、「吾《わ》が争ふ所は、周人《周の人》の恥づる所なり」と。乃ち西伯を見ずして還《かへ》り、②倶《とも》に其《そ》の田を譲りて《譲り合って》取らず。

（『十八史略《じゅうはっしりゃく》』より）

＊諸侯…各国の領主。
＊慙…「恥」と同じ。

問一 ——線部①「乃ち周に如く」とあるが、田を取り合っていた虞と芮の国の領主が周の国を訪れた理由として最も適切なものを、次のア～エから選べ。

ア 田の所有について西伯の考えを聞くため。
イ 田を西伯に差し出したいと申し出るため。
ウ 田の問題の解決に困る西伯を助けるため。
エ 田を周のものとした西伯に反論するため。

〔　　〕

問二 ——線部②「倶に其の田を譲りて取らず」とあるが、虞と芮の領主がそのようにしたのはなぜか。次の文がそれを説明したものとなるよう、□に入る適切な内容を、十五字以内の現代語で答えよ。

周の人々が□姿を見て、国の領主である自分たちの行動を反省したから。

2 次の漢文(書き下し文)を読んで、あとの問いに答えなさい。〈愛知県〉

宓子《ふくし》、亶父《たんぽ》を治むること三年、而《しかう》して（そして）巫馬期《ふばき》、絻《べん》衣《い》短褐《たんかつ》し（粗末な衣装を身につけ）、容貌を易《か》へ（変え）、往《ゆ》きて化（（亶父の）変化の様子）を観《み》る。夜漁する者の魚を得て之《これ》を釈《す》つる（逃がす）を見、巫馬期問ひて曰《い》はく（尋ねて言うことには）、「凡《およ》そ子《し》の魚を為《な》す所は、得んと欲すればなり（そもそもあなたが漁をするのは、魚を手に入れたいからである）。今得て之を釈つるは何ぞや（どうしてか）。」と。漁する者、対《こた》へて（答えて）曰はく、「宓子は人の小魚（稚魚）を取るを欲せざるなり。得る所の者は小魚なり。是《ここ》を以《もつ》て（そこで）之を釈つ。」と。巫馬期、帰りて以て孔子《こうし》に報じて曰はく、「宓子の徳至れり。人の闇行《あんかう》するに、厳刑の其《そ》の側《かたはら》に在ることと有るがごとからしむ（人が夜にこっそり行動するときも、まるで厳しい刑がすぐ近くにあるかのように行動させている）。宓子、何を以て（どのようにして）此《ここ》に至れるか。」と。孔子曰はく、「丘《きう》、嘗《かつ》て之に（以前宓子に）問ふに治を以てす（どのように世を治めるのかを尋ねた）。言ひて曰はく、『此（こちら）に誠ある者は、彼（あちらに）に刑《あら》はる（あちらにあらわれます）。』と。宓子、必ず此《こ》の術を行ふならん（きっとこのやり方を実践したのであろう）。」と。

（「淮南子《えなんじ》」より）

＊宓子、巫馬期…ともに、孔子の弟子。
＊亶父…魯《ろ》の国の地名。
＊丘…孔子の名。

問一 ――線部「漁する者の魚を得て之を釈つる」とあるが、漁師がこのような行動をとった理由として最も適当なものを、次のア～エの中から選べ。

ア　稚魚を捕まえているところを巫馬期に見られたから。
イ　稚魚を捕まえてもたいした利益にはならないから。
ウ　稚魚を捕まえることは宓子が望んでいないから。
エ　稚魚を捕まえることは法律で禁じられているから。

〔　　〕

問二 次のア～エの中から、その内容がこの文章に書かれていることと一致するものを一つ選べ。

ア　巫馬期は、宓子の政治の進め方に感心して自らの政治を改めた。
イ　宓子は、為政者にまごころがあれば民に伝わると考えていた。
ウ　孔子は、刑罰で民を支配する政治は間違っていると主張した。
エ　亶父の人々は、厳しい刑罰におびえながら生活をしていた。

〔　　〕

3 次の書き下し文と漢文を読んで、あとの問いに答えなさい。
〈兵庫県〉

〔書き下し文〕

昔、陽明《ようめい》先生の居に群弟子侍《はべ》る。一初来の学士、蓋《けだ》し愚騃《ぐがい》の人なり。
（来たばかりの学生）（たぶん）（愚かな）
乍《たちま》ち先生の良知を論ずるを聞くも、解せず。卒然として問を起こして
（しばらく）
曰《い》はく、「良知は何物なりや。黒か、白か。」と。群弟子唖然《あぜん》として失笑す。士は慙《は》ぢて赧《あか》らめり。先生徐《おもむ》ろに語《つ》げて曰はく、「良知は黒に非《あら》ずして白に非ず、其《そ》の色赤なり。」と。

〔漢文〕

昔、陽明先生ノ居ニ群弟子侍ル。一初来ノ学士、蓋シ愚騃ノ人也。乍チ①聞三クモ先生ノ論二ズルヲ良知一ヲ、不レ解セ。卒然トシテ起レコシテ問ヲ曰ハク、「良知ハ何物ナリヤ。黒耶か、白耶ト。」群弟子唖然トシテ失笑ス。士ハ慙ヂテ而赧ラメリ。先生徐ロニ語ゲテ曰ハク、「良知ハ非レズシテ黒ニ非レズ白ニ、②其ノ色赤也ト。」

（耿定向《こうていこう》「権子《けんし》」より）

問一 ――線部①の説明として最も適切なものを、次のア～エから一つ選べ。

ア 来たばかりの学生は、人の持つ知性について先生が説明しているのを聞いても、それがどういうものか全くわからなかった。
イ 先生の知性の素晴らしさについて、弟子たちがあれこれ言い合っているのを聞いても、来たばかりの学生は納得できなかった。
ウ 物事の是非を判断する先生の知性について、弟子たちが議論するのを聞いても、来たばかりの学生の疑問は解消しなかった。
エ 来たばかりの学生は、先生が人物について論じるのを聞いても、その人物の知性のほどが理解できなかった。

〔　　〕

よくでる

問二 ――線部②で陽明先生が伝えようとしたことを説明した次の文の空欄a・bに入る適切なことばを書きなさい。ただし、aは三字のことばを書き、bは書き下し文から抜き出したことばを書け。

自分の行いを自ら率直に［a］ことができるのは、［b］の表れなのである。

a〔　　　〕

b〔　　〕

【古文】現代語訳

出題率
14.0%

1 現代語訳のポイント

古文の基本的ルール（仮名遣い・古文特有の語句の意味など）にもとづいて、古文を現代文に直すことを現代語訳という。古文読解において最も基礎となる作業だ。

■ 人物関係を正確にとらえる

問われている部分に人物が登場していない場合でも、その部分の指示語や述語、話題などがどの登場人物と関わっているのかを見きわめる。

人物関係の把握は正確な現代語訳の最も重要な要素である。

■ 文脈を正確にとらえる

まず、問われている部分について、正確に把握することが要求される。

①指示語の指示内容

古文では、現代語とは異なる指示語が用いられるので注意しよう。

指示語が示す箇所を確認しながら読み進めたい。

・古文でよく使う指示語

かく…このように。

かかる…こんな。このような。

さる…そんな。そのような。そうした。

さ…そう。そのように。

②助動詞

現代語では使わない助動詞には特に注意しておく。

・注意したい助動詞

なり（断定）…～である。

けり（過去・過去の伝聞）…～た。～たということだ。

～だったのだなあ。

ぬ（完了）…～た。～てしまった。

たり（完了）…～た。～てしまった。**（存続）**～ている。

■ 文章全体を把握する

現代語訳は、文章全体を理解することでスムーズにできることが多い。

①文章のあらすじ（大意）を読み取る

文章の大まかな内容と、登場人物、特に中心人物（主人公）を把握する。

登場人物を○や△で囲むなどの工夫をして、内容を正しく把握する。登場人物は、省略されたり、官職名や地名などほかの呼ばれ方をしたりすることもあるので、注意しよう。

②主題や心情を読み取る

その文章のテーマや作者の心情などを読み取り、現代語訳に生かそう。

文章の中心的テーマなどから外れた選択肢は、ほぼ誤りといってもよい。

入試問題で実力チェック！

解答解説 別冊 P.22

1 次の文中の――線部の現代語訳として最も適切なものをあとから選びなさい。〈大阪府・改〉

*菊川を渡りて、いくほどなく一村の里あり。こまばとぞいふなる。この里の東のはてに、すこしうち登るやうなる奥より*大井川を見渡したれば、はるばると広き河原《かはら》の中に、一筋ならず流れ分《わか》れたる川瀬ども、とかく入違《いりちが》ひたるやうにて、*すながしといふ物をしたるに似たり。

（「東関紀行《とうかんきこう》」より）

*菊川・大井川…現在の静岡県を流れる川。
*すながし…紙などに金銀の粉末を散らし、水の流れを連想させる文様の装飾。

ア 少し行くと一つの村里があった
イ かなり進むと一つの村里があった
ウ よく見てみると一つの村里があった
エ 休むことなく歩くと一つの村里があった

〔　　〕

2 次の文章を読んで、あとの問いに答えなさい。〈福井県〉

水戸中納言光圀殿《みとちゅうなごんみつくに》、狩りに出《い》でたまひしに、あやしの《身分の低い》男、年老いたる女を負ひて《背負って》、道の辺りに休みゐたるを《休んでいたが》、「いかなる者ぞ。」と問はせたまへば《お尋ねになると》、知れる者《知っている者が》有りて、「彼は人に知られたる孝行の者にて、母を負ひて御狩りの体を拝しさぶらふなり。《（光圀殿が）狩りをなさるお姿を拝見しているのです》」と言ふ。

（「落栗物語《おちくりものがたり》」より）

問 ――線部の意味として最も適切なものを、次のア～エの中から一つ選べ。

ア どのような者であるか。
イ どこに住んでいる者か。
ウ なぜ休んでいるのか。
エ 何という名前の者か。

〔　　〕

3 次の文章を読んで、あとの問いに答えなさい。〈大阪府〉

むかし、殿上《てんじやう》のをのこども、花見むとて東山におはしたりけるに《いらっしゃったところ》、俄《にはか》に心なき雨のふりて、人々、げに《実に》騒ぎたまへりけるが、実方《さねかた》の中将、いと騒がず、木のもとによりて、かく、

さくらがり雨はふり来《き》ぬおなじくは《同じことなら》濡《ぬ》るとも花の陰《かげ》にくらさむ

とよみて、かくれたまはざりければ、花より漏りくだる雨にさながら《すっかり》濡れて、装束《さうぞく》しぼりかね侍《はべ》り。此《この》こと、興ある事に人々思ひあはれけり。

（「撰集抄《せんじゅうしょう》」より）

よくでる 正答率 75.7%

問 ――線部「いと騒がず」の本文中での意味として最も適切なものを、次のア～エの中から一つ選べ。

ア なぜか迷うことなく
イ いちいち嘆くことなく
ウ さすがに話すことなく
エ それほど慌てることなく

〔　　〕

4 次の文中の――線部の現代語訳として最も適切なものをあとから選びなさい。〈愛知県・改〉

ただうどは、漁船《いさりぶね》といへば、同じやうにつくるものと思ふべけれど、こはさつくりても、おのづからよくととのひて出来《いでき》しもあり、ここはよくかしこは悪《あ》しきもあり、打ち見てはいかにもよきが、乗り得てみれば違《たが》ふもありて、一つも同じからぬものぞかし。

（松平定信《まつだいらさだのぶ》「花月草紙《かげつそうし》」より）

ア 一つ一つがよく似ている
イ 一つも満足にはできていない
ウ 一つだけ異なるものがある
エ どれ一つとっても同じではない

［　　］

5 次の文中の――線部の現代語訳として最も適切なものをあとから選びなさい。〈京都府・改〉

人の口は、一切善悪の出《い》で入りする門戸なり。*かるがゆゑによき*番《ばん》衆《しゅう》をすゑおきて、出入りするものどもをあらためらるべし。

（如儡子《にょらいし》「可笑記《かしょうき》」より）

*かるがゆゑに…だから　*番衆…番人

ア 出入りするものを改善することで新しくなさるのがよい
イ 出入りするものを吟味して善か悪か見分けなさるのがよい
ウ 出入りするものの善悪をわかりやすく説明なさるのがよい
エ 出入りするもののうち悪を善に置き換えなさるのがよい

［　　］

6 次の文章を読んで、あとの問いに答えなさい。〈大阪府・改〉

*頼政卿《よりまさきやう》はいみじかりし歌仙なり。心の底まで歌になりかへりて、［　　］これを忘れず心にかけつつ、鳥の一声鳴き、風のそそと吹くにも、まして花の散り、葉の落ち、月の出《い》で入り、雨、雪などの降るにつけても、立ち居起き臥《ふ》しに、風情《ふぜい》をめぐらさずといふ事なし。

（鴨長明《かものちょうめい》「無名抄《むみょうしょう》」より）

*頼政卿…源頼政。平安時代の武将・歌人。

問一 いみじかりし歌仙　の本文中での意味として最も適切なものを次から選べ。

ア 心が広い歌の名人　イ もの静かな歌の名人
ウ 風変わりな歌の名人　エ すばらしい歌の名人

［　　］

問二 ［　　］に入れるのに最も適切なものを次から選べ。

ア 常に　イ ともに
ウ まれに　エ 不意に

［　　］

7 次の古文を読んで、あとの問いに答えなさい。〈愛知県〉

いにしへより碁をうつに、当局の人《実際に囲碁をしている人》は闇《くら》く、傍観《かたはらみ》るの者は明らかなりといひ伝へて、俗にいへる①脇目百目《わきめひゃくもく》なれば、人のした事、過ぎ去りし事を、跡《あと》からその評判をつけ《あとからそのことについての論評を加え》、②立ちかへつて思案をめぐらし見れば、格別によき分別《考え》も出《い》づるものなり。前にいへるごとく、昔ありし事は、必ず今もそれに似たる事あるものなれば、古人のし損なひし事に気がついてあれば、今日する事の考へになる事多かるべし《多いだろう》。是《こ》れ史《歴史書》を学ぶの大利益《だいりやく》なり。人君の学文《君主の学問》には、史を読む事甚だ当用なる《必要な》事と知るべし。

（「不尽言《ふじんげん》」より）

＊前にいへるごとく…本文の前に「いにしへにありし事は、今日の上にちやうど似たる事多くあるものなれば」という記述がある。

問一 ——線部①「脇目百目」ということばの意味として最も適当なものを、次のア〜エの中から選べ。

ア　当事者よりも第三者のほうが物事を難しく捉えてしまうこと
イ　当事者よりも第三者のほうが物事の深みを感じられること
ウ　当事者よりも第三者のほうが物事の是非を見極められること
エ　当事者よりも第三者のほうが物事を厳しく評価してしまうこと

〔　　　〕

問二 ——線部②「立ちかへつて思案をめぐらし見れば」の現代語訳として最も適当なものを、次のア〜エの中から選べ。

ア　これまでの行動を振り返ってよく反省してみると
イ　現在の視点から過去のことをあれこれ考えてみると
ウ　家に戻ってから対局をじっくり思い出してみると
エ　囲碁をした場所を訪れて様子をうかがってみると

〔　　　〕

作文の書き方

出題率
87.3%

■ 資料を読み取り、自分の意見を書く問題

〔出題例〕　〈岐阜県〉

郷土の料理が給食に出されることになったので、給食委員の石川さんは、全校生徒の関心を高めたいと思い、生徒会新聞で特集記事を書くことにした。次のA～Cは石川さんが考えた生徒会新聞の見出しの案である。

A　つなごう未来へ　ふるさとの食文化
B　舌で楽しむ　ふるさとの特産品
C　栄養満点　ふるさと料理で元気いっぱい

あなたは、生徒会新聞の見出しとして右のA～Cのどれがよいと考えるか。どれか一つを選び、解答用紙に符号で書きなさい。次に、あなたがその見出しを選んだ理由を、他の二つの見出しと比較して書きなさい。

よくでる
示されている資料を読み取り、それに対する自分の考えを関連させて書く。

よくでる
①課題となる文章やグラフなど、資料の内容を理解する。
（グラフの場合は、大きい値と小さい値に注目する。）
②問題内容を把握する。
③作文の条件や注意をすべて満たす。

■ 提示されたテーマについて体験や考えを書く問題

〔出題例〕　〈三重県〉

「働くことの意義」について、あなたの考えや意見を、あとの〔注意〕にしたがって書きなさい。

〔注意〕
①題名は書かずに本文から書き出しなさい。
②あなたの体験や見たり聞いたりしたことを具体的に書きなさい。
③あなたの考えや意見が的確に伝わるように書きなさい。
④原稿用紙の使い方にしたがい、全体を百六十字以上二百字以内にまとめなさい。

よくでる
テーマについての自分の考えを決め、それにまつわる自分の体験を関連させて書く。前半に体験談、後半に自分の考えを書く構成にする。

よくでる
①課題となる文章をよく読み、提示されたテーマを理解する。
②テーマに関連した自分の体験を洗い出す。
③作文の条件や注意をすべて満たす。

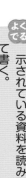

入試問題で実力チェック!

解答解説 別冊 P.24

1 次の二つのグラフは、A中学校の「図書館の蔵書冊数」と「図書館の貸出冊数」を表している。今後、A中学校ではグラフの四つの分類のうち、どの分類の図書を購入するのがよいと思うか。あなたの考えを書きなさい。段落構成は二段落構成とし、第一段落ではあなたの考えを、第二段落ではそのように考えた理由を二つのグラフを根拠に書きなさい。ただし、次の《注意》に従うこと。〈岐阜県〉

《注意》 (一)題名や氏名は書かないこと。
(二)書き出しや段落の初めは一字下げること。
(三)文章は、百二十字以上百六十字以内で、縦書きで書くこと。
(四)数字を使う場合は、漢数字で書くこと。

例 千　六十　二十五　百二十

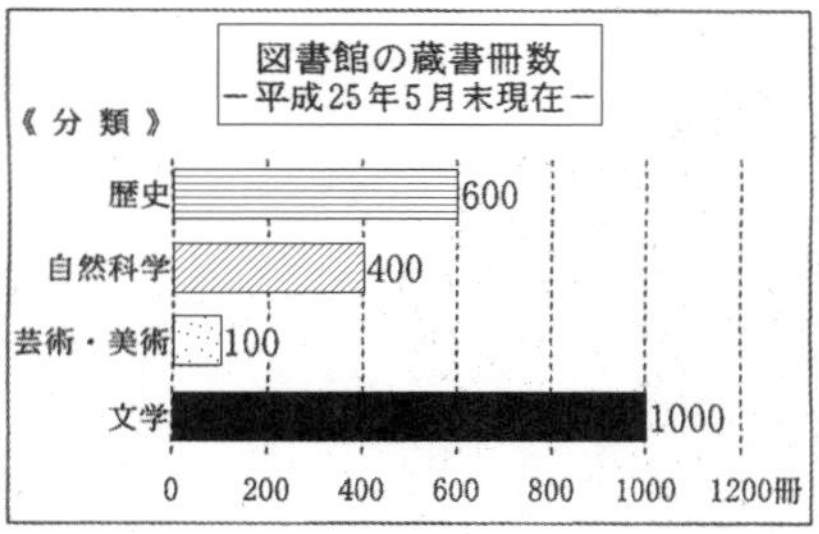

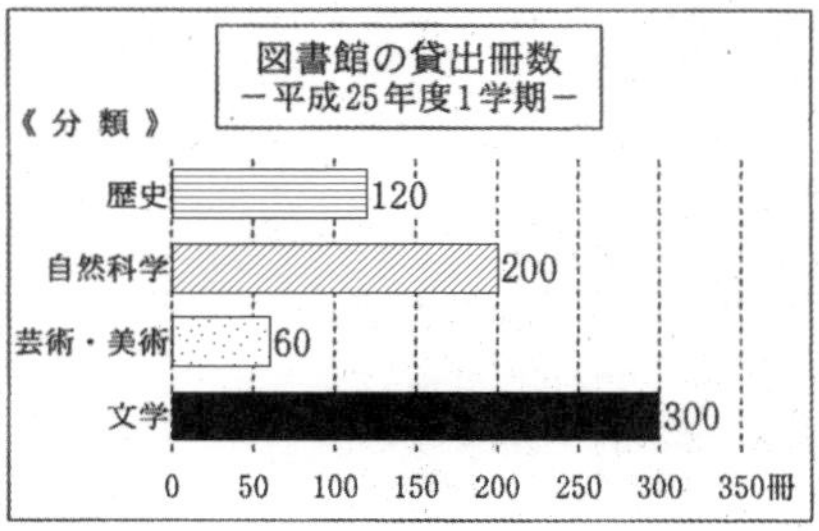

160

120

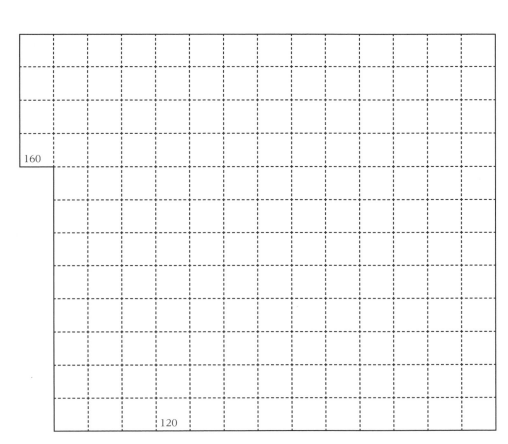

思考力 2

葉月さんたちは、国語の授業で和食文化の継承について発表するために話し合いました。次の《話し合いの様子》と《資料Ⅰ》を読み、《資料Ⅱ》、《資料Ⅲ》を見て、あとの問いに答えなさい。〈岩手県〉

《話し合いの様子》

葉月さん　和食文化には優れた面が多くあって、二〇一三年にユネスコの無形文化遺産に登録されているね。《資料Ⅰ》に和食文化の特徴についてまとめてみたよ。

文彦さん　この間、新聞で「海外では和食ブームだが、国内では、家庭料理としての和食は敬遠されがちだ」という記事を見つけたよ。どうしてだろう。

星華さん　《資料Ⅱ》を見ると、「健康に良い」「季節を感じられる」という良いイメージを持つ人が多い一方で、準備や片付けに手間がかかり、負担であるという悪いイメージを持つ人もいるからじゃないかな。

光輝さん　たしかにそうだね。《資料Ⅰ》の「2　和食の基本形」を読むと、そのことが実感できる気がするよ。

葉月さん　和食文化の良さを受け継いでいくために、私たちは何を重視していくべきなのかな。

文彦さん　若い人が食事で重視していることは何だろう。

光輝さん　《資料Ⅲ》で上位に来ているのは、「美味《おい》しさ」や「空腹を満たす」ことだけど、これらは和食に限ったことではないから、和食文化の良さに触れるとすれば、違う視点に注目した方が良さそうだね。

星華さん　それでは、その二つ以外から、食事で重視する項目を挙げて、和食文化の特徴とのつながりと、具体的な取り組みについて考えてみよう。

《資料Ⅰ》和食文化の特徴について

1　和食文化とは？

多様な食材と持ち味の尊重

気候や風土に違いがあり、その土地ならではの山海の幸に恵まれている。自然の味をいかした料理を作り、大切に食べてきた。(例)旬の魚や山菜などの食材、雑煮の味付けの違いなど

調理、加工方法の工夫

自然の恵みである食べ物を無駄なく使うために調理や加工に工夫をしている。(例)味噌《みそ》、醤《しょう》油《ゆ》、かつお節、煮干しなどの発酵食品や干物、乾物など

自然の美や季節を味わう

四季を味わうために料理の器、盛り付け、飾りに気を配り、行事と関わる食事の時間を共にすることで、家族や地域のきずなを強くする役割もある。(例)正月…おせち、冬至…かぼちゃ

自然の恵みを尊重しながら伝えられてきた工夫の上に、海外の食材や料理をうまく取り入れて育まれた一つの文化

2　和食の基本形

「ごはん」「汁物」「おかず」「漬物」の組み合わせが基本。ごはんを中心に、汁物とおかずの何品かが加わる。

肉・魚料理などの大きなおかず(主菜)に加えて、あえ物やおひたしなどの小さなおかず(副菜)が付く。

(㈱明治ホームページから作成)

問 ——線部　食事で重視する項目を挙げて、和食文化の特徴とのつながりと、具体的な取り組みについて考えてみよう　とあるが、あなたはどのように考えるか。次の条件①〜④に従って書け。

《資料Ⅱ》和食に対するイメージ

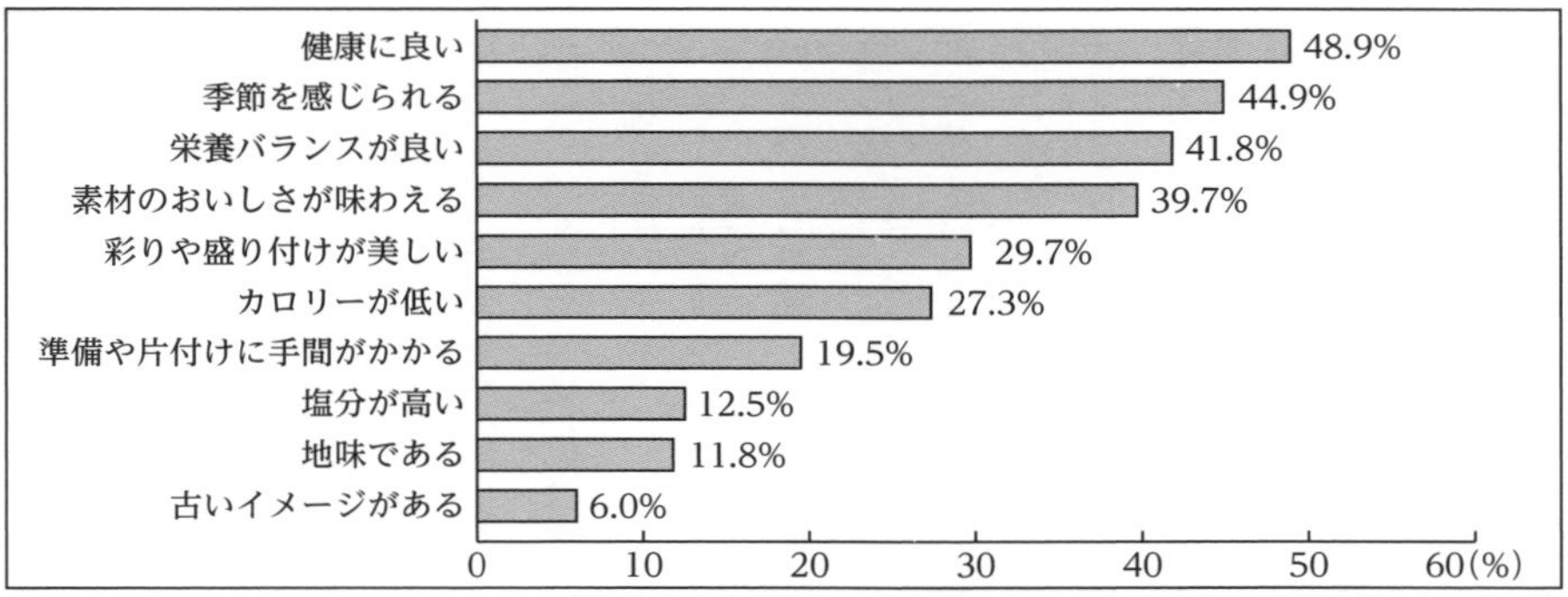

（農林水産省「国民の食生活における和食文化の実態調査」から作成）

《資料Ⅲ》食事で重視すること

美味しさ	66.1％	様々な料理を楽しむ	19.4％
空腹を満たす	47.8％	料理をする楽しみ	18.4％
食べきれる量である	27.7％	新鮮さ	17.8％
健康	26.2％	文化や季節を楽しむ	13.6％
気分のリフレッシュ	21.1％	食事を通した交流	12.8％

（日本財団「18歳意識調査」から作成）

【条件】

① 原稿用紙の正しい使い方に従って、二つの段落で構成し、九十一字以上百五十字以内で書くこと。

② 第一段落では、《資料Ⅲ》の中から、「美味しさ」「空腹を満たす」以外に、あなたが食事で重視したいことを選んで挙げ、その理由を、《資料Ⅰ》で紹介されている、和食文化の特徴と関連させて書くこと。

③ 第二段落では、和食文化の良さを受け継いでいくために、あなたが取り組んでいること、またはこれから取り組みたいことを具体的に書くこと。

④ 資料で示された数値を書く場合は、次の例に示した書き方を参考にすること。

例　二〇・三％　または　二十・三％

四二・〇％　または　四十二％

実力完成テスト①

時間 45分

得点 ／100点

解答解説 別冊 P.25

1 次の文章を読んで、あとの問いに答えなさい。

核技術は、原子核を壊して化学的な燃焼とはまったく違った、物質基盤結合の膨大なエネルギーを放出させます。すると核崩壊が連鎖して、安定した物質になるまで放射線を出し続ける。それを止める技術はない。人工的にできるのは原子核を壊すこと、崩壊を引き起こすことだけで、その引き金を引いたら、あとは放射線を放出しながら物質が崩壊していくプロセスに委ねる。つまり「自然」に任せるしかないという「技術」です。

だから、最初のエネルギーを都合よく利用したつもりでも、処理できない核燃料の残りが出ます。それが放射線を出し続け、最終的に安定状態になるのに何万年もかかる。それに手を付けた人類は、人類史の時間を超える射程をもって、危険な残り滓《かす》をずっと管理していかなければいけない。（中略）①この問題は、科学技術と、社会と、人間の時間について大問題を提起したのです。

これは核技術だけでなく、それ以後の科学技術のいわば構造的な特徴でもあります。しかし、その他の分野では国家事業は「民営化」ということで、各分野が市場に委ねられて進むから、核技術の提起した問題は誰にも扱えなくなります。

こういうことに最初に注目したのは哲学者の②ハイデガーでした。世界の生物学会が遺伝子工学を提起したころ、彼はそれと核技術との同時代性を指摘していました（『*放下』）。技術と人間との関係の根本的な変化を画するものだと言うのです。科学技術は人間の生活を豊かにする優れた道具だとみなされ、人びとの幸福に資すると期待されていたのですが、それが核技術や遺伝子工学に至ったとき、科学技術の成果は人間のコントロールを超えるものになって、人間は宙吊《ちゅうづ》りになる。もはや目的に対応するプロジェクトは成り立たないというのですね。

テクノロジーは、そういう段階に深く入っています。それは有益な道具をつくり出すと見えて、予測しえない事態に人間をさらし、人間の制御しえない結果を引き起こすものになっています。それを世界は科学技術の進歩と言っているのですが、かつて国家の戦争のためにこのような異次元に入ったテクノロジーは、いまでは経済成長に欠かせない*モーターとして、競争の中で闇雲に急《せ》き立てられて（ハイデガーの用語です）いるかのようです。

実はその「制御」の学として考案されたのが*サイバネティクス（操舵《そうだ》学《がく》）だったのですが、それは情報科学へと展開し、いまやサイバー空間に「時代遅れになった人間」（ギュンター・アンダース）を呑《の》み込もうとしています。

そんなわけで、科学技術の進歩、それによる人類社会の発展と言われていた「進歩・発展」が迷走し始めて、この先どうなるかが不透明なのです。*イノベーションによって社会はこんなふうに進化しますと言われても、それは*空中楼閣なんじゃないか……、そんな不安が根底にあって、③未来の夢が語られても、その夢は時間とともに初めから灰色とか茶色にくすんでいる、そんな状況でしょうか。

ただ、そのような状況を、私たちは人類の一人としてというよりも、日本なら日本という国で、その社会のあり方に規定されながら生きています。けれども現代では、当然ながら私たちの生活は国内だけで完結していないし、日常的にも世界と繋《つな》がっています。着るものひとつとっても、食べ物でも水でも薬でも医療でも娯楽でもなんでもそうです。最近のパンデミック*というのもそうですね。

そのことを念頭に置くと、いま漠然と感じている「未来への不安」というものも、ここだけの問題ではなく、ある世界的な状況の、日本における現れ方だと考える視点が必要になるでしょう。つまり私たちの置かれた状況というとき、それは日本でもあれば世界でもあり、私たちはその連接を通して生活しているということです。

だから、この底が抜けたような状況というのも、何がどう抜けてしまっているのか、それを広い視野で、かつ複合的に考えてみる必要があるということです。この「底が抜けた」というのは、グローバル化が語られるときの、境界がなくなるとか、フラットになるということと無縁ではないでしょう。そこには国境があり差異があるけれども、その境の膜は透過性をもっているということです。

そして、高齢化社会の問題や、軍事化の問題——これを今では「安全保障」というわけですが——、国際関係等も、④大きな流れの中で考えていくとき個別の実相が浮かびあがって、初めて的確で意味のある捉え方ができるのではないでしょうか。

（西谷修《にしたにおさむ》「私たちはどんな世界を生きているか」より　一部改変）

＊『放下』…ハイデガーの著作。
＊モーター…原動機。また、電動機。
＊サイバネティクス…生物と機械における、制御と通信の問題を統一して、体系的に追究する学問。
＊イノベーション…革新。
＊空中楼閣…根拠のないものごと。
＊パンデミック…感染症が世界規模で同時期に流行すること。

問一 ——線部①「この問題」とあるが、どのような問題か。最も適切なものを次のア〜エから選べ。〈8点〉

ア 原子核を一度壊すと、核崩壊の連鎖による放射線の放出を人為的な介入によって止めることはできず、放射性物質が安定状態になるまで、何万年にもわたって管理しなければいけないという問題。

イ さまざまな分野で国家事業が民営化されることで、事業が国家による一元の管理から離れて市場に委ねられて進むようになるため、核技術の提起した事柄が誰にも扱えなくなるという問題。

ウ 人工的に原子核を壊して核崩壊を引き起こす引き金を引いてしまうと、あとは自然に任せることしかできず、安定状態になるまでは、人類史と並ぶほどの長い期間の管理にせまられるという問題。

エ 核技術を制御するため考案されたサイバネティクスは、現在では情報科学へ展開しているが、核技術の管理をどうするのかという解決策をサイバネティクスでは結論づけられないという問題。

〔　　〕

問二 ――線部②「ハイデガー」の指摘を説明した次の文の空欄に入る言葉を、文章中から［A］は九字、［B］は十一字でぬき出せ。〈各7点〉

遺伝子工学と核技術はともに、それまでの［A］を根底から変化させるものであり、科学技術はそれまで、人間の生活を豊かで幸福にするものだと考えられていたが、成果の予想がつかず、［B］を起こすものだと捉えられるようになったということ。

A［　　　　　　　　　］

B［　　　　　　　　　　　］

問三 ――線部③「未来の夢が語られても、その夢は時間とともに初めから灰色とか茶色にくすんでいる」とあるが、どういうことか。最も適切なものを次のア～エから選べ。〈8点〉

ア 科学技術の進歩はこれまで肯定的に捉えられていたが、この先の科学技術の発展は不透明で、期待する余地がないということ。

イ イノベーションによる社会の進化についての話は、現段階では手が届かない、夢のようなものとしてしか捉えられないということ。

ウ 技術が迷走し始めたことで、将来的なイノベーションによる社会の進化の実現があいまいになり、不安視されるということ。

エ 競走の中で急き立てられた結果、科学技術は現在では人々の不安をあおるものになり、科学技術の発展によってさらに生活が豊かになると期待するのは、もはや時代遅れの人間だけだということ。

［　　］

問四 ――線部④「大きな流れの中で考えていく」とあるが、「大きな流れの中で」考えるとはどういうことか。「考えるということ。」につながるように五十五字以内で書け。〈15点〉

［　　　　　　　　　　　　　　　　　　　　　　　　　　　　　　］考えるということ。

2

1～3の太字のカタカナを漢字に直し、4～6の――線部の漢字の読みを書きなさい。〈各3点〉

1 楽器を**エンソウ**する。［　　］

2 朝晩の**カンダン**差が激しい。［　　］

3 水が**タ**れる。［　　］

4 頻繁に連絡をとる。［　　］

5 率直な意見を言う。［　　］

6 神社の境内に入る。［　　］

3

次の文の［　］にあてはまる語として最も適切なものを次のア～エから選びなさい。〈6点〉

・声を掛けられたおじいさんは、時間をかけて［　］立ち上がった。

ア やにわに　**イ** おもむろに　**ウ** つぶさに　**エ** みだりに

［　　］

4 「私の妹は小学生だ」の——線の部分と文法的に同じ意味（用法）のものを次のア〜エから選びなさい。〈6点〉

ア 鳥の鳴く声が聞こえる。
イ 弟のを食べずに残しておく。
ウ 週末の予定はまだ決まっていない。
エ 半ズボンで登山をするのは危険だ。

［　　］

5 次の文章を読んで、あとの問いに答えなさい。

人はおのれをつづまやかに（つつましく質素に）し、奢《おご》り（浪費）を退けて財《たから》を持たず、世をむさぼらざらん（世間的な名誉や利益）ぞ、いみじかるべき。昔より、賢き人の富めるは稀《まれ》なり。

唐土《もろこし》（中国）に許由《きよいう》＊と①言ひつる人は、さらに身にしたがへる貯《たくは》へもなくて、水をも手して捧《ささ》げて飲みけるを見て、なりびさこ（ひょうたん）といふ物を人の得させたりければ、ある時、木の枝にかけたりけるが、風に吹かれて鳴りけるを、かしかまし（うるさい）とて[a]捨てつ。また手にむすびてぞ水も飲みける。いかばかり心のうち涼しかりけん。孫晨《そんしん》＊は冬月《ふゆのつき》に衾《ふすま》（寝る際にかける夜具）なくて、藁一束《わらひとつか》ありけるを、夕《ゆふべ》には是《これ》に臥《ふ》し、朝《あした》には収めけり。

もろこしの人は、これをいみじと思へばこそ、記しとどめて世にも[b]伝へけめ、②これらの人（日本の人）は、語りも伝ふべからず。

（吉田兼好《よしだけんこう》「徒然草《つれづれぐさ》」より）

＊許由…中国古代の立派な人物。　＊孫晨…中国の書物に記述のある人物。

問一 ——線部①「言ひつる」を現代仮名遣いに直し、すべてひらがなで書け。〈5点〉

［　　］

問二 〜〜線部a「捨てつ」、〜〜線部b「伝へけめ」の主語として最も適切なものを次のア〜エから選べ。〈各6点〉

ア 許由　イ 孫晨
ウ もろこしの人　エ これらの人

a［　　］　b［　　］

問三 ——線部②「これらの人は、語りも伝ふべからず」とあるが、どういうことか。最も適切なものを次のア〜エから選べ。〈8点〉

ア 水さえも手ですくって飲んだ許由や、一束の藁で寝ていた孫晨のつつましさに日本の人は感心し、語り伝えたということ。
イ 孫晨がつらい体験にめげなかったように、名声を得るには我慢が必要だということを日本の人は語り伝えられなかったということ。
ウ 浪費せず、名誉や利益を求めない生き方が立派だと感じた日本の人は、賢人で裕福な人はめったにいないと語り伝えたということ。
エ 名声や財産を求めない質素な生き方のよさに日本の人は気づけないので、許由や孫晨のことを語り伝えるはずがないということ。

［　　］

実力完成テスト②

時間 45分

得点　　／100点

解答解説 別冊 P.27

1 次の文章を読んで、あとの問いに答えなさい。

> テニス部では、一年生でグーパーじゃんけんをして、少なかった方がコートを整備するのが伝統になっていた。ある日、武藤《むとう》が示し合わせてパーを出すことを提案して、末永《すえなが》に整備を押しつけようとしたのを「ぼく」は止められなかった。

武藤に、まちがっても今日はやるなよと釘《くぎ》を刺しておきたかったが、息が切れて、とても口をきくどころではなかった。

ラケットを持って四階まで階段をのぼりながら、ぼくは武藤と話さなくてよかったとおもった。ぼくが武藤を呼びとめていたら、ほかの一年生はぼくたちがなにを話しているのかと、気になってしかたがなかったにちがいない。武藤ではなく、久保《くぼ》か末永を呼びとめていても同じ不安が広がっていたはずだ。冷静に考えれば、きのうのことは一度きりの悪だくみとしておわらせるしかないわけだが、疑いだせばきりがないのも事実だった。

もしかすると、みんなは今日も末永をハメようとしていて、自分だけがそれを知らされていないのかもしれない。もしかすると、きのうのしかえしに、末永がなにかしかけようとしているのかもしれない。もしかすると、二、三人の仲の良い者どうしでもうしあわせて、たとえ負けてもひとりにはならないように安全策をこうじているのかもしれない。

（中略）

末永以外の一年生部員二十三人は、自分が加担した悪だくみのツケとして不安におちいっているにすぎない。それに対して末永は、今日もまたハメられるかもしれないという恐れをかかえながら朝練に出てきたのだ。最終的に中田《なかた》さんに頼むとしても、まずはみんなで末永にあやまり、そのうえで相談するのが筋だろう。

そう結論したのは、三時間目のおわりぎわだった。おかげで授業はまるで頭にはいっていなかったが、ぼくはようやく自分のするべきことがわかった気がした。そこでチャイムが鳴り、トイレに行こうと廊下に出ると、武藤が顔をうつむかせてこっちに歩いてくる。

「よお」

「おっ、おお」

武藤はおどろき、気弱げな笑顔をうかべた。そんな姿は見たことがなかったので、もしかすると自分から顧問の浅井《あさい》先生かキャプテンの中田さんにうちあけたのではないかと、ぼくはおもった。たっぷり怒られるだろうが、それでケリがつくならかまわなかった。

それなら、昼休みには浅井先生か中田さんがテニスコートに来るはずだ。

給食の時間がおわり、ぼくはテニスコートにむかった。しかし①集まったのは一年生だけだった。ぼくは落胆するのと同時に自分の甘さに腹が立った。

いつものように二十四人で輪をつくったが、②誰の顔も緊張で青ざめている。末永にいたっては、歯をくいしばりすぎて、こめかみとあごがぴくぴく動いていた。いまさらながら、ぼくは末永に悪いことをしたと反省した。

しかしこんな状況で、きのうはハメて悪かったと末永にあやまったら、どんな展開になるかわからない。武藤をはじめとするみんなからは、よけいなことを言いやがってとうらまれて、末永だって怒りのやり場にこまるだろう。

だから、一番いいのは、このままふつうにグーパーじゃんけんをすることだった。うまく分かれてくれればいいが、偶然、グーかパーがひとりになる可能性だってある。ハメるつもりがないのに、末永がまたひとりになってしまったら、事態はこじれて収拾がつかなくなる。

みんなは青ざめた顔のまま、じゃんけんをしようとしていた。どうか、グーとパーが均等に分かれてほしい。

こぶしを顔の横に持ってきたとき、ぼくの頭に父の姿がうかんだ。一緒にテニススクールに通っていたころ、父は試合で会心のショットを決めると、応援しているぼくたちにむかってポーズをとった。ぼくや母も、同じポーズで父にこたえた。

「グーパー、じゃん」

かけ声にあわせて手をふりおろしたぼくはチョキをだしていた。本当はVサインのつもりだったが、この状況ではどうしたってチョキにしか見えない。ぼく以外はパーが十五人でグーが八人。末永はパーで、武藤と久保はグーをだしていた。

ぼくが顔をあげると、むかいにいた久保と目があった。

③「太二《たいじ》、わかったよ。おれもチョキにするわ」

久保はそう言ってグーからチョキにかえると、とがらせた口から息を吐いた。

「なあ、武藤。グーパーはもうやめよう」

久保に言われて、武藤は④くちびるを隠すように口をむすび、すばやくうなずいた。そして、武藤は握っていたこぶしから人差し指と中指を伸ばすと、ぼくにむかってその手を突きだした。

（佐川光晴《さがわみつはる》「四本のラケット」『短編少年』所収より　一部改変）

問一　——線部①「集まったのは一年生だけだった」とあるが、そのときの「ぼく」の心情として最も適切なものを次のア～エから選べ。〈9点〉

ア　問題が解決しそうになく、困った状況が続いていることに失意をおぼえ、武藤の働きかけにより、顧問かキャプテンが出てくるだろうと楽観視していた自分にいらだっている。

イ　武藤が自分から顧問かキャプテンにうちあけ、怒られることで決着がつくだろうという予想が裏切られて落胆し、集まった一年生だけでどうにかするしかない状況に困惑している。

ウ　末永にきのうのことをあやまると、さらに悪い展開になる可能性があることに失望し、このままグーパーじゃんけんをするのはよくないと思いつつ、何もできない自分の弱さに腹が立っている。

エ　自分のするべきことがわかっていたにもかかわらず、武藤や、顧問やキャプテン任せにしようとして、結局何も行動を起こさなかった自分の至らなさに怒りをおぼえている。

［　　］

問二　——線部②「誰の顔も緊張で青ざめている」とあるが、このときの一年生たちの心情を文章中から十字でぬき出せ。〈9点〉

問三 ――線部③「太二、わかったよ。おれもチョキにするわ」とあるが、久保は、「ぼく」がチョキを出した意図をどのように解釈していると考えられるか。「と解釈している。」につながるように六十五字以内で書け。〈17点〉

と解釈している。

問四 ――線部④「くちびるを隠すように口をむすび、すばやくうなずいた」ときの武藤の心情として最も適切なものを次のア～エから選べ。〈9点〉

ア 面白半分で末永にコートの整備を押しつけたことを自省しており、心苦しい状況を自分から打破する機会を探っていたものの、どうにもできず、久保が先に提案してくれたことに安堵《あんど》している。

イ 末永にコートの整備を押しつけてしまったことを後悔し、「ぼく」が自分の悪ふざけを止めてくれることを期待していたため、「ぼく」の働きかけによって久保が提案してくれたことに安心している。

ウ 末永にコートの整備を押しつけたことに気まずさを感じていたが、悪い流れを自分が止められないなかで久保が提案してくれたことに深く同意し、仲間との関係をやりなおしたいと思っている。

エ 末永にコートの整備を押しつけたことを反省していたが、みんなの目の前で「ぼく」によけいなことをされたため、「ぼく」に恨みの念をいだき、久保の提案をしぶしぶ受け入れている。

〔　　〕

2

1～3の太字のカタカナを漢字に直し、4～6の――線部の漢字の読みを書きなさい。〈各3点〉

1 **ユウビン**が届く。〔　　〕

2 けが人を**カンゴ**する。〔　　〕

3 昔からの**カンシュウ**。〔　　〕

4 選手宣誓をする。〔　　〕

5 ピアノの美しい旋律。〔　　〕

6 敵から逃れる。〔　　〕

3

次の文の□にあてはまる語として最も適切なものを次のア～エから選びなさい。〈6点〉

・彼女のピアノの腕前はすばらしく、□だと言える。

ア 一日の長　**イ** 折り紙つき　**ウ** 万事休す　**エ** 諸刃《もろは》の剣

〔　　〕

4

「彼女はあわてて走っていった。」は、いくつの文節からできているか。文節の数を漢数字で書きなさい。〈6点〉

〔　　〕

5 次の文章を読んで、あとの問いに答えなさい。

世間の人いかに謗《はう》ずとも（非難する）、仏祖の行履《あんり》（釈迦《しやか》の示した行為）、聖教《しやうげう》の道理（聖典に書かれている道理）にてだにあらば、依《よ》り行ずべし（もとづいて実践する）。たとひ、世人挙《こぞ》つて褒むる（ア）とも、聖教の道理ならず、①祖師も行ぜざることならば、依り行ずべからず。

その故に、世人の親・疎（親しい人と・親しくない人）、我を褒め、我を誹《そし》れ（イ）ばとて、かの人の心に随《したが》ひたりとも、我が命終《みやうじゆ》の時、悪業《あくごふ》（道理や法に反し、現在と将来に苦をもたらす行為）に引かれ、悪道に趣《おもむ》かん（ウ）時、いかで救ふべき。たとひ、諸人（もろもろの人）に謗ぜられ、悪《にく》まるるとも、仏祖の道に随うて依り行ぜば、真実に、我助からんずれば（自分が助かるだろうから）、人の誹《そし》ればとて、道を行ぜずんばあるべからず。また、かくの如《ごと》く謗・讃《さん》する人、必ずしも、仏祖に通達《つうだつ》し（エ）、証得（真理を悟ること）するに非《あら》ず。何として、仏祖の道を、善・悪を以《もつ》て判ずべき。しかれば、世人の情《こころ》には順《したが》ふべからず。ただ、②仏道に依り行ずべき道理あらば、一向に依り行ずべきなり。

（懐奘《えじやう》「正法眼蔵随聞記《しやうぼうげんざうずいもんき》」より）

問一 〰線部ア「褒むる」、〰線部イ「誹れば」、〰線部ウ「趣かん」、〰線部エ「通達し」のうち、主語が異なるものを一つ選べ。〈8点〉［　　］

問二 ——線部①「祖師も行ぜざることならば、依り行ずべからず」の意味を次のア～エから選べ。〈8点〉

ア 仏教の創始者も行うことならば、それにもとづいて実践するべきである

イ 仏教の創始者も行うことならば、それにもとづいて実践することができる

ウ 仏教の創始者も行っていないことならば、それにもとづいて実践することは不可能だ

エ 仏教の創始者も行っていないことならば、それにもとづいて実践してはいけない

［　　］

問三 ——線部②「仏道に依り行ずべき道理あらば、一向に依り行ずべきなり」とあるが、なぜか。その理由を次のア～エから二つ選べ。〈完答10点〉

ア 仏道にもとづいて行動すれば往生できるが、世間の人の心にならって行動しても、臨終の際に苦から救ってもらえないから。

イ 世間の人のなかでも、自分と親しい人とそうでない人がいて、すべての人が助けとなることを言ってくれるわけではないから。

ウ 世間の人がこぞって褒めることは仏道の道にも自然と通じることになっていて、それを実行することで死後の安寧を得られるから。

エ 世間の人は、仏の道に深く達して悟りを得ているわけではないので、仏道における善悪を正しく判断できないから。

［　　］・［　　］

【出典の補足】
2015 年埼玉県…p.9 大問 3
2020 年埼玉県…p.9 大問 6
2021 年埼玉県…p.7 大問 4, p.11 大問 3

言葉編 でる順 1位 漢字の読み書き

入試問題で実力チェック！ ↓本冊 P.5

1
1 貿易　2 宇宙　3 貸(し)
4 約束　5 預(ける)　6 散策
7 拡張　8 巻(く)　9 招待
10 洗(う)　11 功績

2
1 きんこう　2 せんかい
3 さと(す)　4 いちじる(しく)
5 こうけん　6 ひろう
7 せんぞく　8 そうかい
9 うるお(す)　10 なぐさ(める)
11 ぞうり

解説

1 3「貸」を「賃」と書き誤らない。
6「散策」は散歩をするという意味。

8「舌を巻く」は優れていて驚くという意味。

9「ショウタイ」と読む熟語には、「招待」「正体」などがあるので、使い分けに注意する。「招待」は客を招いておもてなしをすること。「正体」は隠れている本来の姿のこと。また、「招」には「紹」のように形の似た漢字があるので使い分けに注意する。「招待」の「招」は手偏なので「手招きする」、「紹介」の「紹」は糸偏なので「つなぐ」「受け継ぐ」「間を取りもつ」といった意味がある。

11「セキ」という音読みをもつ漢字には、「績」「積」などがあるので、使い分けに注意する。「実績」「績」は積み重ねた結果などを表し、「実績」などの熟語に使われる。「積」は大きさなどを表し、「面積」などの熟語に使われる。

2 1「均衡」は物事のバランスがとれていること。「均」「衡」どちらも「ひとしい」という意味をもつ漢字である。
2「旋回」は円を描くようにして回ること。

3「諭す」は物事の道理をよくわかるように目下の人に話して聞かせるという意味。

4「著」には、「あらわ・す」「いちじる・しい」という訓読みがある。「著す」は書物を書くという意味。「著しい」は目立つ状態を表す。

5「貢献」は役立つように力を尽くすこと。

6「露」には、「ロ」「ロウ」という音読みがある。「ロ」では、「露呈」「暴露」などの熟語があり、「披露」と同じく「あらわす」「さらけ出す」「あらわになる」といった意味で使われる。

言葉編 でる順 2位 品詞・品詞の識別

入試問題で実力チェック！ ↓本冊 P.7

1 ウ　**2** ウ　**3** ア　**4** イ　**5** イ

解説

1「あばれ」は動詞。「させ」は使役、「ない」は打ち消し、「ように」は動作の目的を表す助動詞。

2 もとの文の「ない」は、「ぬ」と置き換えられるので、打ち消しの助動詞。**ア**「合わぬ」、**イ**「いぬ」、**エ**「食べぬ」のように「ぬ」と置き換えられるので、もとの文と同じ打ち消しの助動詞。**ウ**「あどけない」の「ない」は形容詞の一部。

3 もとの文と**ア**の「そうだ」は、そのような様子が見られるということを表す様態の意味。

イ～**エ**は、他人から聞いたことを表す伝聞の意味。

4 「読書だ」と**イ**「しおりだ」の「だ」は体言に接続していて、「～である」と物事を断定する意味。**ア**「挟んだ」と**エ**「やわらいだ」の「だ」は動詞の連用形に接続していて、現在より前の動作・状態であることを表す過去の意味。**ウ**「静かだ」の「だ」は形容動詞の一部。

5 もとの文の「ある」は、自立語で、活用がなく、「人」という体言を修飾する連体詞。**イ**「大きな」も、「絵」という体言を修飾する連体詞。**ア**「かなり」は、自立語で、活用がなく、「遠く」という用言を修飾する副詞。**ウ**「新しい」は、自立語で、活用があり、言い切りの形が「い」で終わる形容詞。**エ**「きれいな」は、自立語で、活用があり、言い切りの形が「だ」で終わる形容動詞。

言葉編 でる順 **3**位

文と文節

入試問題で実力チェック！ ↓本冊P.9

1 5(五)

2 5(五)

3 思い出が

4 ウ

5 ア

6 ウ

解説

1 「そんな／考えを／持ったのは／初めてではなかった」と分ける。

2 「言葉の／正しさの／規範意識も／そこから／うまれ出るようだ。」と分ける。

3 何が「ある」のかを考える。たくさん「ある」のは「思い出」なので、主語は「思い出が」。「町には」は修飾語。「私が」は「過ごした」と主語・述語の関係を作って修飾部となり、「頃の」を修飾している。

4 **ウ**は主語「夢は」に、述部「発明することだ」が対応している。**ア**は主部「良い点は」に、述語「素晴らしい」が対応していない。**イ**は主語「思い出は」に、述語「優勝した」が対応していない。**エ**は主部「この話は」に、述部「住むことになった」が対応していない。

5 もとの文の「貴重な」は「機会が」を修飾しており、修飾・被修飾の関係になっている。**ア**も「遠くから」が「聞こえる」を修飾している。**イ**は「茶色の」と「かわいい」が並立の関係になっている。**ウ**は「待って」と「いた」が補助・被補助の関係になっている。**エ**は「思い出が」と「駆け巡る」が主語・述語の関係になっている。

6 **ウ**「友達も」と「泣いていた」は主・述の関係。**ア**「映画館に」と「行った」は修飾・被修飾の関係。**イ**「飲み物と」と「食べ物を」は並立の関係。**エ**「パンフレットを」と「買った」は修飾・被修飾の関係。

言葉編 でる順 **4**位

活用

入試問題で実力チェック！ ↓本冊P.11

1 買わ

2 イ

3 ウ

4 ①ア ②b

解説

1 「買う」の活用は、五段活用「わ(ない)・お(う)／い(ます)・っ(た)／う(。)／う(とき)／え(ば)／え(。)」である。空欄のあとに「ない」があるので、「買う」を未然形にして、

「ない」に接続する形に活用させる。

2 「抑える」は「ない」をつけると「抑えない」となり、「ない」の直前がエ段の音になるので下一段活用。**イ**「答える」も「答えない」となり、「ない」の直前がエ段の音になる。**ア**「咲く」は「咲かない」となり、「ない」の直前がア段の音になるので五段活用。**ウ**「来る」はカ行変格活用。**エ**「する」はサ行変格活用。問いの文の「知足」とは、老子《ろうし》の一節「足るを知る者は富み、強めて行う者は志有り」（満足していることを知っている者は富み、努力している者は志が有る者といえる）からきており、自らの分をわきまえ、それ以上のものを求めないこと、分相応のところで満足することを意味する。

3 もとの文の「指す」は「ない」をつけると「指さない」となり、「ない」の直前がア段の音になるので五段活用。**ウ**「笑う」も「笑わない」となり、「ない」の直前がア段の音になる。**ア**「する」はサ行変格活用。**イ**「まねる」は「まねない」となり、「ない」の直前がエ段の音になるので下一段活用。**エ**「信じる」は「信じない」となり、「ない」の直前がイ段の音になるので上一段活用。

4 ①「言う」は「ない」をつけると「言わない」となり、「ない」の直前がア段の音になるので五段活用。

②「言う」の活用は、五段活用「わ（ない）・お（う）／い（ます）・っ（た）／う（。）／う（とき）／え（ば）／え（。）」である。「言い、ひしと抱き合い」のように、連用形にはいったん文を中止して、後ろに続ける用法がある。

言葉編 でる順 5位

語句の意味

入試問題で実力チェック！

↓本冊 P.13

1 ア
2 ア
3 ウ
4 ① エ ② ア
5 エ

解説

1 「執」には「こだわる」といった意味があり、「執念」「固執」などの熟語がある。「着」には「気にする・心にかける」といった意味があり、「愛着」「頓着《とんちゃく》」などの熟語がある。「執着」は「固執」や「頓着」と似た意味。人やお金、地位などに対して使われる。

2 「明るい」はさまざまな意味がある多義語なので、文脈を正確に読み取ること。正解の**ア**「よく通じていて詳しい」のほかに、「光が十分にあり、見やすい状態である」、「先のことに希望や喜びをもてる状態である」、「性格や表情などが陽気である」などの意味がある。

3 「白い目で見る」は、冷たく、悪意のある目で人を見るという意味だが、「白眼視する」も同じ意味。

4 ①「案の定」は、思ったとおりの結果になるということ。好ましくない結果に対して使うことが多い。「失敗しそうだと思っていたら、案の定うまくいかなかった」などのように用いる。

②「ありきたりだ」は、めずらしくなく、ありふれているという意味。「ありきたりで、つまらない映画」などのように用いる。

5 「にわかだ」は物事が急に起こること。「にわかには信じがたい（急には信じられない）」のように用いられる。急に降り出してすぐにやむ雨のことを、「にわか雨」というので、あわせて覚えておく。

言葉編 でる順 6位

ことわざ・慣用句

入試問題で実力チェック!

↓本冊P.15

1 イ
2 (1) オ (2) イ
3 イ
4 歯
5 ア・エ・オ
6 エ

解説

1 ほかにも「虫」を使った慣用句があるので、おさえておく。「虫の居所が悪い」は不機嫌であるという意味。「虫の知らせ」は悪いことが起こりそうだと感じること。「虫の息」は今にも絶えそうな弱い呼吸のこと。

2 **ア**は「猫の手も借りたい」、**ウ**は「馬の耳に念仏」、**エ**は「虎の威を借る狐《きつね》（故事成語）」。なお、「一寸の虫にも五分の魂」の反対の意味に、体ばかり大きくて役に立たないことから「独活《うど》の大木」が、「立つ鳥跡を濁さず」と反対の意味のことわざに、「あとは野となれ山となれ」がある。

3 「目を細める」は、顔全体にほほえみを浮かべて、うれしそうにすること。「目」を使った慣用句には、行いがひどくて見ていられないという意味の「目に余る」、とても好きであるという意味の「目がない」、まったく興味を示さないという意味の「目もくれない」などがある。

4 「歯が立たない」は、自分の技量を大きく上回っていて、とてもかなわないという意味。「この問題は難しすぎて、私には歯が立たない」などのように使う。似た意味の言葉に、「手に負えない」「手に余る」などがある。

5 **イ**「馬の耳に念仏」は、いくら意見を言っても、効果がまったくないことのたとえ。**ウ**「鬼の目にも涙」は、無慈悲な者であっても、時には情に感じて涙を流すことがあるというたとえ。なお、名人・達人はどんな道具を使ってもりっぱな仕事をするというたとえで、「弘《こう》法《ぼう》筆を選ばず」ということわざがある。

6 **エ**「棚に上げる」は、「自分の失敗は棚に上げて、仲間の失敗を強く責める。」のように用いられる。都合の悪いことは問題にしないという意味なので、使い方が正しくない。**ア**「心に刻む」は、心に深く留めて忘れないようにするという意味。**イ**「襟を正す」は、今までの態度を改めて、気を引き締めるという意味。**ウ**「頭が下がる」は、感心して尊敬の念をいだくという意味。**オ**「胸を張る」は、自信のある態度を取るという意味。

言葉編 でる順 6位

字形・書体

入試問題で実力チェック!

↓本冊P.17

1 エ
2 イ
3 エ
4 ア
5 ア

解説

1 **エ**「視」は楷書の四画目が省略されている。

2 **ア**〜**エ**はすべて行書の特徴なので、行書の「取」に見られないものはどれか考える。

3 **ア**はいとへん（糸）、**イ**はゆみへん（弓）、**ウ**はさんずい（氵）、**エ**はごんべん（言）の行書。

4 筆脈が実線になっており、点画が連続している。①で、「さんずい（氵）」を速く書くために、②で、「くさかんむり（艹）」を速く書くために筆順が変化している。楷書では、一画目が横画、二画目と三画目が縦画だが、行書では一画目が右斜め下への画、二画目が左斜め下への画、三画目が横画になる。

5 ①では点画の形が変化して、横画から左払いへ連続して書かれている。

言葉編 でる順 8位

四字熟語

入試問題で実力チェック！

↓本冊 P.19

1 イ
2 順風満帆
3 ア
4 千差万別
5 ウ

解説

1 **イ**「我田引水」は自分の田だけに水を引くことからきている。「どちらにしろ自分たちに都合のいい我田引水の解釈だ」などのように使う。**ア**「大義名分」は行動のよりどころになる道理のこと。**ウ**「馬耳東風」は他人の忠告をまったく心に留めず、聞き流すこと。**エ**「付和雷同」は自分の主義や主張がなく、人の意見にすぐに同調すること。

2 「順風満帆」は追い風を受けて、帆がめいっぱいふくらむことからきており、「順調」と同じ意味を表す。「帆」を「ほ」ではなく、「ぱん」と読むことに注意する。

3 **ア**「一朝一夕」はひとあさやひとばんという意味から、短い期間のこと。**イ**「一喜一憂」は状況によって、喜んだり心配したりすること。**ウ**「一長一短」は長所も短所もあること。**エ**「一進一退」はよくなったり悪くなったりすること。「一」を二度用いる四字熟語はほかに、「一期一会（一生に一度だけの機会）」「一言一句（ちょっとしたことば）」「一汁一菜（粗末な食事のたとえ）」「一挙一動（ちょっとした動作、ふるまいのこと）」などがある。

4 「千差万別」はいろいろな種類があり、さまざまな違いがあること。「万」を「まん」ではなく、「ばん」と読むことに注意する。また、他に「千」を使う四字熟語に、一日がとても長く感じられることを意味する「一日千秋」、広々としていて遠くまで見渡せることを意味する「一望千里」、経験を積んで、裏表を知り抜き、ずるがしこくなっていることを意味する「海千山千」などがある。

5 **ア**「言語道断」は「ごんごどうだん」と読み、あまりにひどくて何とも言いようがないことを表す。**イ**は「無我夢中」と書く。**エ**「温故知新」は古いことを学んで新しい知識や見識をひらくことを表す。古い考えを捨てるという意味ではないので注意する。

言葉編 でる順 9位

敬語

入試問題で実力チェック！

↓本冊 P.21

1 （例）いらっしゃる
2 ウ
3 ウ
4 エ
5 （例）参りますのでご覧になって

解説

1 校長先生の動作について述べているので、尊敬語を使う。「来られる」「おいでになる」「おこしになる」などでも正解。

2 **ウ**は、自分の動作に「お～する」という謙譲語を用いているので正解。**ア**は自分の動作に「なさいます」と尊敬語を用いているので誤り。正しくは、謙譲語で「ご連絡いたします」とする。**イ**は、相手の動作に「いただく」と謙譲語を用いているので誤り。正しくは、尊敬語で「お召し上がりでない」などとする。**エ**は、相手の動作に「参り」と謙譲語を用いているので誤り。正しくは、尊敬語で「お越しください」とする。

3 「召し上がる」は「食べる」の尊敬語で、**ウ**「ご覧になる」は「見る」の尊敬語。**ア**「申し上げる」は「言う」の謙譲語。**イ**は「ます」が丁寧語。**エ**「うかがう」は「行く」の謙譲語。

4 「お目にかかる」は「会う」の謙譲語。空欄Bが会う相手なので、Bへの敬意を表している。「お目にかかる」は、「昨日、私は初めて姉の担任の先生にお目にかかった」などのように使う。

5 「行く」のは「私たち（中学校の生徒）」なので、謙譲語にして、「参る」「うかがう」を使う。「見るのは「公民館の職員」なので、尊敬語にして、「ご覧になる」を使う。

言葉編 でる順 **10位**

熟語の構成

入試問題で実力チェック！

⬇本冊P.23

1 ウ
2 ア
3 ア
4 イ
5 ア
6 Ⅰ群 ウ　Ⅱ群 カ
7 ウ
8 ア・オ

解説

1 「不機嫌」は打ち消しの「不」＋「機嫌」で、**ウ**「不手際《ふてぎわ》」も打ち消しの「不」＋「手際」。**ア**「不審者」は「不審」＋「者」。**イ**「不可欠」は「不可」＋「欠」。**エ**「不燃物」は「不燃」＋「物」。

2 「長」＋「距離」、**ア**「好」＋「条件」と分けられる。**イ**は「国際」＋「的」、**ウ**は「松」＋「竹」＋「梅」、**エ**は「自由」＋「化」。

3 「遠近」と**ア**「雅俗」は反対の意味の漢字の組み合わせ。**イ**「人造」は上の漢字が主語、下の漢字が述語の組み合わせ、**ウ**「遷都」は下の漢字が上の漢字の目的や対象を示している。**エ**「歓喜」は意味の似た漢字の組み合わせ。

4 「停止」＋「線」、**イ**「幼稚」＋「園」と分けられる。**ア**は「急」＋「上昇」、**ウ**は「半」＋「永久」、**エ**は「心」＋「技」＋「体」。

5 「学習」と**ア**「思考」は意味の似た漢字の組み合わせ。**イ**「苦楽」は反対の意味の漢字の組み合わせ、**ウ**「最高」は上の漢字が下の漢字を修飾している、**エ**「乗馬」は下の漢字が上の漢字の目的や対象を示している。

6 **Ⅰ群**「報」は「知らせる」、「告」は「告げる」という意味がある。よって、**ウ**の「上の漢字と下の漢字が似た意味を持っている」が正解。**Ⅱ群** **カ**「添」は「つけくわえる」、「付」は「つける」という意味がある。**キ**「脇道」は上の漢字が下の漢字を修飾している。**ク**「日没」は上の漢字と下の漢字が主語・述語の関係になっている。**ケ**「緩急」は上の漢字と下の漢字の意味が対になっている。

7 **ア**「両者」、**イ**「語源」、**エ**「一端」、**オ**「他方」は上の漢字が下の漢字を修飾している。**ウ**「思想」は意味の似た漢字の組み合わせ。

8 **ア**「公明」は公平で、不正がないこと、「正大」は正しくて堂々としていること。**オ**「唯一」はただ一つしかないこと、「無二」は同じものが他にないこと。**イ**「自画」は自分で描くこと、またその絵を表し、「自賛」は自分で自分をほめることなので、下の熟語が上の熟語の目的や対象を示している。**ウ**「起承転結」は「起」＋「承」＋「転」＋「結」の組み立て。**エ**「意気」はいきごみやあふれる元気、「消沈」は消え失せることなので、上の熟語と下の熟語が主語・述語の関係になっている。

読解編 でる順 1位

【説明的文章】【文学的文章】内容理解

入試問題で実力チェック！

⬇本冊 P.25

1 自然の恵みに浴すこと（10字）

2 **ア**

3 **エ**

4 （例）陸上勤務を少しは喜んでもらえると思っていたのに、妻と娘に反発され気まずくなったから。（42字）

解説

1 庭の美について述べた文章である。庭とは「自然と人間の営みの、どちらともつかない領域におのずと生まれてくる造形の波打ち際《ぎわ》のようなもの」で、自然の関与は不可欠であり、そのことを「自然の贈与を受け入れる」と述べている。同じように、「人為ではとうてい届かない自然の恵みに浴すことが出来る」と、自然の働きについて述べた部分があるので、この部分から抜き出す。

2 次の段落に「一般に、論理力というのはすなわち思考力だと思われているのではないだろうか」、「論理とは思考に関わる力だと思われがちである」とあり、その直後に「だが、そこには誤解がある」と述べていることに注目する。

3 あとの部分に、「問題は、人間という生物が心地よく生きていけるような環境の持続可能性だ」とあることに注目する。環境を持続するのは、人間の生存のためなのである。地球生態系は、どんな形であれ持続していくだろうが、人間の生存に適した環境は限られている。人間の営みによる生態系の激変は、人間自身の生存に深く関わっているのである。

POINT 長い選択肢の問題

選択肢が長い問題の特徴

・選択肢全体ではなく、部分的に間違っているものが多い。
・文章中の言葉のままではなく、言い換えやまとめた表現を使っていることがある。
・選択肢同士の内容がよく似ていることが多い。

→まずは、本文の内容をしっかり読み取ることが必要。選択肢の正誤の判断は、明確な根拠をもって決めることができる。本文をあいまいにして選択肢を先に読んでしまうと、迷いが生まれやすいので注意しよう。

4 ——線部の意味をおさえて、父の様子をとらえる。「ばつが悪」いは、その場の状況が自分にとってきまりが悪く、恥ずかしいという意味。また、「後頭部をかく」は、気まずさや恥ずかしさを感じ、それをごまかすための行動である。
——線部の前で、父が「陸上勤務になった」ため「一か月で引っ越さなくちゃならない」と報告している。これに対し、母は「急に言われても困る」、莉央《りお》は「転校するの？ いやだ！」と言っており、父の陸上勤務による引っ越しを二人が喜んでいないことが読み取れる。
それを聞いた父の反応が、——線部である。直後に「これから家族で一緒に過ごせること、少しは喜んでもらえると思ってたんだがなあ」と言っていることもおさえる。自分と暮らせることを喜んでもらえると期待していたのに、そうではなかったことで、きまりの悪さや恥ずかしさを感じたと考えられる。

読解編 でる順 **2位**

【文学的文章】心情理解

入試問題で実力チェック！

⬇本冊 P.29

1 エ
2 エ
3 （例）非難する気持ち。（8字）

解説

1 雨が降っているとどのような気分になるかということと、——線部のあとに書かれている、引越してきたばかりの美月《みつき》の状況をおさえて、美月がどのような気持ちでいるのかをとらえる。

2 直後に「おみつとおたかの話が、意外と深い真実性を含んでいるような気がしたからだ」とある。つまり、二人の話が聞くに値するものだと感じて、真面目に聞こうとしたので、その姿勢を正すという場面である。

3 ——線部と同じ段落のあとにある「リーダーなのに、やる気あるのかな」も、同じような気持ちが表れている言葉。リーダーなのにいつも遅れてくるうえに、練習を早めに切り上げてしまう琴穂《ことほ》に、ソプラノのグループのみんなは、いい感情をもっていないことを読み取る。あとの場面では、主人公のマチも、琴穂に対して面と向かって注意している。

POINT 記述問題のパターン

文や文章を書いて答える問題には、いろいろなパターンがある。それぞれ答え方が異なるので、気をつけよう。
・次の文中の□に入る言葉を書きなさい。
→一部分の穴埋めで、まとめを完成させる問題。□の前後の言葉と自然につながる形で答えを作成する。
・〇〇という言葉を用いて書きなさい。
→使う言葉を指定している問題。指定語は文章中にある言葉であることが多い。
・△字以上□字以内で、書きなさい。
→文字数を指定している問題。文字数が、どの程度くわしい内容を答えるかのヒントにもなる。

読解編 でる順 3位

[説明的文章][文学的文章] 会話文の内容理解

入試問題で実力チェック！ ↓本冊P.33

1 (1) 個性
(2) (例) 刺しゅうを趣味にしている自分のことをわかってくれるかもしれない(31字)

解説

1 (1) 「石のもつ」に続く言葉として、「石には石の意思がある」「石の意思、わかんの?」といった描写から、「意思」という言葉が目につくが、Aさんの発言を確認すると、すでに『石の意思』を分かろうとしたり」とあるため、ここではあてはまらない。そこで、――線Xのあとの、「そこは尊重してやらんとな」という「くるみ」の言葉に着目して、尊重すべきものとは何かを推測していく。

Aさんの発言に「すべての石を同じように磨くのではなく」とあることから、「同じではないこと」「それぞれの石の違い」などを表す言葉であると考えられる。また、二つ目の[①]は、『キヨ』が自分の[①]に目を向けることになり」とあるため、「キヨ」にあてはまる言葉でもある。

「～を大切にしよう」や「自分の～」につながる、「尊重されるべき、同じではないこと」を表す言葉を探していくと、冒頭付近に「個性は大事、というようなことを人はよく言うが、学校以上に『個性を尊重すること、伸ばすこと』に向いていない場所は、たぶんない」という表現が見つかる。

(2) Bさんの発言に着目して、「キヨ」が「宮多《みやた》」に期待したことについて、本文から探していく。

――線Yのあとに、省略された部分を補うと、「だとしても、宮多は彼らではないのに。(わかってもらえるわけがない。どうして勝手にそう思いこんでいたのだろう)」などとなる。「わかってもらえるわけがない」とあることから、「山田《やまだ》」たちを筆頭とする「彼ら」は、「キヨ」のことを「わかろうとしなかった」のだと読み取れる。また、「宮多は彼らではないのに」とは、裏を返せば、「『宮多』なら自分のことをわかってくれるかもしれない」ということである。「自分のことをわかってくれること」、「自分」とは、「刺しゅうを趣味にしている自分」である。それが「宮多」に対して、「キヨ」が期待することである。

POINT 会話文による問題の解法

通常の出題形式なら、答えやヒントを探す際に、本文のみを参照すればよい。一方、会話文を組み合わせた問題では、本文から探すだけでなく、会話文も入念に読んでおく必要がある。

今回の(1)が好例で、通常の抜き出し問題なら「意思」で正解となるところだが、すでに「石の意思」という発言がなされているために不正解となる。

ただし、会話文には、発言と発言のつなぎとしての部分や、設問と直接関係のない内容も含まれている。今回の問題においては、[②]のあとのやり取りが該当する。全ての文章を均等に読み込んでいくのではなく、重要でないと思われる部分は読み流すことも、時間を短縮するために重要となる。

読解編 でる順 4位

[説明的文章][文学的文章] 脱文挿入・語句挿入

入試問題で実力チェック！ ↓本冊P.37

1 エ

2 ア
3 ウ

解説

1 空欄にあてはめるのにどの言葉がふさわしいかを意識しながら、空欄の前後の文脈を読み取る。

　空欄前後では、自然界の造化の原理を人間は見直すべきだと主張している。このときに、人間はどのような姿勢で見直すべきなのかが、空欄に入る言葉である。次の段落は、「つまり」から始まっており、直前の内容をまとめていることに着目する。この部分で「私たちはもっと自然の存在を真摯に受け止め」と、とるべき姿勢について「真摯」という言葉で説明しており、この言葉と似た意味の言葉が空欄に入ることが読み取れる。「真摯」は、まじめで、ひたむきな様子という意味である。**ア**「傲慢」は、おごり高ぶること。**イ**「寛大」は、器が大きくて思いやりがあること。**ウ**「貪欲」は、とても欲が深いこと。**エ**「謙虚」は、つつましくて素直なこと。このなかで、「真摯」に近い意味の語は、**エ**「謙虚」である。

2 空欄の直前にある「こういった仕組み」とは、どのような仕組みなのかをとらえて、空欄を含む一文の内容を読み取る。直前の内容に注目すると、三文前に、「お歳暮や年賀状なども、相互に敬意を取り交わしながら贈りあうことで共同体のつながりを意図的につくりだすための仕組みです」とあり、「こういった仕組み」＝「共同体のつながりを意図的につくりだすための仕組み」であるとわかる。空欄の直後に「だけでは説明できない」とあるので、「かかわりあいを長期的に成り立たせる力」とは異なる方向性を示す言葉が入るとわかる。**ア**の「近視眼的な損得勘定」は、「近視眼的」が「目の前のことだけにとらわれていて、先を見通していない」という、「長期的」と反対の意味であり、ものを贈ったり贈られたりすることを短絡的に損得で考えているという内容なのであてはまる。**イ**の「人間関係を維持する力」と**ウ**の「互いに報酬を得る関係」は、「かかわりあいを長期的に成り立たせる力」と似た意味なので、あてはまらない。**エ**の「モースの着眼点」とは、第一段落にある贈り物の三つの義務が「連鎖することで社会システムがつくりだされていること」である。この着眼点は、「現代でもはっきりと生き残って」いるものであり、「共同体のつながりを意図的につくりだすための仕組み」を説明するものなので、空欄にはあてはまらない。

3 脱文挿入の問題では、まず脱文そのものに注目し、手がかりとなる表現がないかどうか確かめることから始めるとよい。

　脱文で、手がかりとなるのは、「自分で決めたこと」が、誰が何を決めたのかという点である。また、「くやしかろう」という言葉から、くやしがっていることが想像される表現も直前にあると考えられるので、それらを踏まえて、文章を読んでいく。**ウ**の前で、ウェディングドレスをほどいている描写があり、「自分で決めたこと」が、清澄《きよすみ》がウェディングドレスをほどくこと、つまり、作り直すことであるとわかる。「わたし」は「真剣な顔でひと針ひと針これを縫っていた清澄の横顔」を思い出して、涙がこぼれそうになっている。「さぞかしくやしかろう」とは、「わたし」が、ドレスをほどく清澄の気持ちを想像している表現である。**ア**は、清澄がドレスをハンガーから外しただけの段階で、清澄がドレスをほどくつもりでいることはまだ「わたし」に伝わっていないと読み取れるので、脱文を入れてもつながらない。**イ**は、清澄が、水青《みお》の働く様子を話している場面にあり、脱文を入れると文脈が不自然になる。**エ**は、前後で祖母である「わたし」の視点から、清澄の将来の可能性に思いをはせている部分なので、脱文を戻すにはそぐわない。よって、**ウ**が適切である。

POINT 脱文の中にある言葉

脱文挿入の場所を見つけるときに、脱文の中にある言葉を手がかりにできることがある。前後に同じ名詞があれば、そこに入る可能性がある。特に、脱文中にある熟語や外来語は、本文中にもないか気をつけて読もう。脱文の中にある言葉は、脱文の前後の話題をとらえ、自然な流れで挿入できる箇所を見つける手がかりにできる。

読解編 でる順 5位

【文学的文章】表現の特色

入試問題で実力チェック！

↓本冊 P.41

1 ウ

2 問一 (例)描かれた人の心の奥やエネルギーに充ちた姿を実物以上に伝え、その人のもつ存在感を表すことができる(47字)

問二 ウ

解説

1 ――線部は、「秋の日暮れ」の情景を描写した部分。太陽が傾いていくにつれ、金色に輝いていた海が少しずつ色を失っていく情景が描かれている。また、「太陽」が「先を急いで傾いてゆく」や、「海面にほどこされた金《きん》箔《ぱく》は、少しずつ剝がれて波間に消え」などの部分には、たとえが用いられている。これらにふさわしい選択肢は**ウ**。**ア**は、夕靄《ゆうもや》と雲に着目している点や、「多角的に分析してとらえ」などが誤り。**イ**は、夕日の様子を「ゆっくりと沈んでいく」としている点や、「論理的に表現している」などが誤り。**エ**は、夕暮れの情景の変化を「一瞬のうち」としている点や、波に着目している点などが誤りである。

POINT 誰の視点か

文章の表現の特徴をとらえるときに、「誰の視点」から書かれているかについても、注意しよう。

主人公の視点から、その気持ちを直接的に描写する文章もあれば、第三者の視点から俯瞰的《ふかんてき》に出来事を述べる文章もある。それらは、文章が与える印象の大きな手がかりになるので、意識して文章を読むようにしよう。

2 問一 ――線部の直前のまゆの言葉「こんなふうに描いてもらうと、自分が今、ちゃんと生きてここにいるんだって、気がついた気がする」を受けて、実弥子《みやこ》は――線部直後の段落で「描かれた絵の中には、今まで見えていなかったその人が見えてくる。言葉では言えない、不思議な存在感を放つ姿が」と気づいている。さらに、ルイが描いた絵の特徴（第一段落）にも「心の奥にある芯の強さを感じさせる」「エネルギーの充《み》ちた子どもの身体なのだということを、実物以上に伝えている」とある。これらの表現を組み合わせて空欄の前後に合うようにまとめる。

問二 文章全体の表現の特徴をとらえるには、言葉の使い方（どのような言葉や表現技法を用いているか）、一文の長さ（長いか短いか）、文末（敬体か常体か、過去形か現在形か）などに注意して読む。

この文章の特徴は、登場人物それぞれの会話が多いことである。その言葉遣いや内容から、人物同士の関係や人物像をとらえることができる。**ア**は、「描かれた人物と周囲との関係」を読者に伝えるために、「絵の内容を色彩感覚豊かに記述」しているわけではないので、不適。**イ**は、「場面の切迫した状況」が本文の内容に合わないので不適。**ウ**は、「端的な言葉で複数の会話を叙述」している文章なので合っている。また、その会話文から、実弥子、まゆ、ゆず、ルイの人物像が「生き生きと」描かれていることも合っているので、**ウ**が適切である。**エ**は、「ルイが描いたまゆちゃん」の絵について、擬人法を用いて、そのすばらしさを伝えているが、「幻想的な雰囲気」が表現されているとはいえないので、不適。

読解編 でる順 **6**位

【説明的文章】接続語

入試問題で実力チェック！

↓本冊 P.45

1 ウ
2 ウ
3 A ウ　B オ
4 ア
5 ウ

解説

1 大きなものが美しいという西欧とは対照的に、日本は小さいものを愛するということを述べている文章である。

空欄のある第二段落は、西欧について述べた部分。空欄の前では「西欧の伝統的美学においては、ギリシャ以来、『美』はある大きさを必要とすると考えられて来た」と述べており、あとでは、「西欧では、大きな堂々たるものが美しいのである」と言い換えているので、あることがらについて、別の表現で言い換える「つまり」が適切。

2 空欄の前では、「デザインを成立させている条件」として「心地原則」を挙げている。あとでは、「狭いテント暮らし」、「山に登って、お弁当を食べるとき」という具体例を挙げて、そのような状況であっても「わずかでも居心地の良さを求める」ということが「心地原則」だと説明しているので、具体例を挙げることを示す「たとえば」が適切。

3 A 〈直前〉私たちが生きている世界。
〈直後〉視覚的にとらえられ、歩いたり走ったりする世界。

この二つは、表現は異なるが同じものである。あることがらについて、別の表現で言い換える「つまり」が適切。

B 〈直前〉人間が身体をとおして感じられる世界は平面であり、その世界のなかで私たちは身体を介して暮らしている。
〈直後〉この平面の世界が、地球が球であることからくる影響を受けていないのかといえばそうではない。

直前では、私たちが暮らす世界を「平面」と述べ、直後では、平面の世界にも地球が球であることからくる影響があると述べており、前後は逆の内容である。したがって、逆接の「ところが」が適切。

4 空欄の直前では「外に求め、人に求めるほど、それらに人生を左右され、自分が自分の主人ではなくなってしまいます」と述べており、直後では、前の部分を理由として「ついつい求めすぎる頭に自分自身でストップをかける」「外的価値を高めようとあくせくしたり、他者の評価を気にしたりすることに時間とエネルギーを費やすのを思い切ってやめてみる」と勧めている。

したがって、前で理由を述べてあとにつなぐ「だから」が適切。

5 A 〈直前〉科学技術的な対応が不可欠。
〈直後〉よく考えてみると、～歴史的な知識が必要。

直前では「科学技術的な対応」、直後では「思想的判断」や「歴史的な知識」という異なったものを必要としているので、逆接の「しかし」が適切。
B　直後の文が「エコロジー＝生態学という学問は、～考え方だからです」と理由を表す文になっている。したがって、「なぜなら」が適切である。

POINT　接続語から読み取れる心情

用いる接続語に、人物（話し手や書き手）の気持ちが表れていることがある。

例
・クラス全員で、たくさん合唱の練習をした。だから、校内合唱コンクールの結果は準優勝だった。
→準優勝を喜んでいる気持ち
・クラス全員で、たくさん合唱の練習をした。けれども、校内合唱コンクールの結果は準優勝だった。
→準優勝を残念に思っている気持ち

読解編 でる順 7位 【説明的文章】【文学的文章】内容合致

入試問題で実力チェック！ ↓本冊P.49

1 イ
2 ア

解説

1 冒頭に「日本の風景が、世界のどこの国より美しいに違いないと思うようになったのは、五十代にはいってからである」とあり、その理由を筆者は、第二段落で、「自然に外界の景色というものに眼《め》を向けることが多くなったためである」と述べている。さらに、第三段落で「日本の風景は、日本の風土と結びついたもの」と述べていることにも着目する。

2 それぞれの選択肢の内容について、本文と照らし合わせていく。**ア**は、「科学の進歩によって計算機の処理速度が向上し」の部分が第一段落で述べられている。「人間は直接知覚できないことでも把握できるようになった」の部分は、同じく第一段落の「高度なゲームでも、人間を打ち負かすまでになった」、「計算による予測の網は社会の隅々にまで張りめぐらされ」という部分に該当する。**イ**は、「人工知能がどれほど発達したとしても」そこに「自律性を持たせることはできない」としているが、第十二段落で「まだ誰も答えは知らない」と述べられているため、あてはまらない。**ウ**は、「認知主体から独立した視点を確立しなければならない」とあるが、第七段落では「特権的な観察者の立場を捨てなければならない」と述べられているため、あてはまらない。**エ**は、「計算速度の向上を追求してきた過去」の部分は第一段落にあてはまるが、「否定」すべきであるとは述べられていない。よって、**ア**が正解となる。

読解編 でる順 8位 【説明的文章】段落構成

入試問題で実力チェック！ ↓本冊P.53

1 イ
2 問一 ア　問二 ウ

解説

1 第一段落では、「何のために君は生きているか」というような問いかけは、問いかけ続けていくことで、問いかけそのものが深まっていくと述べており、その例として、「優れた作品を生み出すためにはどうすればいいか」と問いかけ続けていく画家の創作活動を挙げている。
第二段落では、その画家の例を続けて、創作活動を続けることで、問いかけがさらに深まっていくということを説明しており、第三段落の、「生きていくとはどういうことか」という問いを深めていくことで「生きていく意味を深く感じとることができる」という内容につなげている。この内容が述べられているのは**イ**。

2 **問一** ――線部直前の「もしこういえるとするならば」の「こう」は前段落の内容を指している。ここでは、人間が自由によって行為するうえで、「行為を選びその生き方を決定する根本的な考え方」となる「人生観ないし世界観」が「哲学」であると述べている。つまり「哲学」によって自分の行為や生き方を選んでいるのである。よって、この内容が述べられている**ア**が正解。

問二 各段落の関係について、それぞれ選択肢を見ていく。**ア**は、「3段落では、2段落で述べた筆者の主張を否定する意見を示すことで」とある。2段落で述べた「なにも行為しないでは一日も過ごすことができません」という意見に対し、3段落では、「一日なにもしないで、ブラブラしていた」という否定的な意見が示されているため、正しい。しかし、「ブラブラしていたというのは、その人がみずから『なにもしない』という行為を行《おこ》なった」ことだという説明によって、主題に沿った流れとなっている。そのため、「異なる主題を新たに設定しようとしている」の部分があてはまらない。**イ**は、「5段落では、4段落とは対照的な事例を示すことで」とある。「暇さえあれば寝て暮らす」「寸暇を惜しんで、勉強したり、仕事に打ち込んだりする」という4段落の事例を受けて、5段落では、「人間が自由をもっており、それによって行為を選択している」とまとめているため、あてはまらず、「4段落の内容を否定しようとしている」も合致しない。**ウ**は、「10 11段落では、8 9段落で述べた内容と異なる視点を示すことで」とある。8段落では、「人間が自由をもっているということはどうしようもない事実」、9段落でも、「自由は人間のもって生まれた宿命」と、同じ内容を述べている。それに対して、10段落では、「われわれは行為を選ぶばあい、必ずなんらかの原理をもち、それにしたがって行為を選んでいる」、11段落では、人間は「考え方の上に立って、行為を行なっている」と述べており、異なる視点からの意見が示されているため、正しい。「筆者の主張を明確にしようとしている」についても合致する。**エ**は、「12段落では、10 11段落で述べた筆者の主張の具体例を示すことで」とある。12段落では、「行為を選びその生き方を決定する根本的な考え方」が「哲学」だという結論を提示している。また、10 11段落で述べているのは、「行為」には「考え方」が必要だという意見であるため、あてはまらない。よって、**ウ**が正解となる。

読解編 でる順 9位

【文学的文章】人物像把握

入試問題で実力チェック!

↓本冊 P.57

1 (例)やさしくて度胸がある人

2 兵吾のほう

解説

1 ――線部「コオロギのこと」は、これよりあとで麻緒《まお》が語っている、五年生の時のできごとである。麻緒は、つかまえたコオロギを省《しょう》吾《ご》が逃がしたのは「コオロギがかわいそうになったんで逃がしてやった」からだと考えた。そんな省吾に対して、「やさしいなあって」「先生にいい訳しないのも、すごく度胸があるなあって」と言っているので、この二つをまとめる。

2 文章を読んだ「ある生徒」の視点から見た人物像であることに注意する。「兵吾《ひょうご》」の人物像について「自分の本心をあまり言葉や態度に表さない人物だと思った」とあるので、その根拠となる描写を探すと、「兵吾のほうは淡々と荷造りをしていた」とある。「淡々と」は「態度があっさりしていて、こだわりがない様子」を表す。そのあとの「主税《ちから》」の心情描写に「お兄ちゃんだって、ほんとは鎌倉なんか行きたくないくせに。『日本にいれば部活にも、合宿にも行けるし』なんて言ってさ」とあるため、「自分の本心をあまり言葉や態度に表さない人物」という条件に合う。

POINT 記号選択問題の攻略

記号選択型の問題では、本文と選択肢の言葉を一つ一つ照らし合わせ、正解を探していく。

このとき、答えとなる人物像がプラスの（良い）イメージなのか、マイナスの（悪い）イメージなのか、大まかに分類することで、誤った選択肢を消去しやすくなる場合がある。

〔例題〕今回の問題に登場した「お母さん」の人物像として、最もふさわしいものを選べ。

ア 息子の気持ちに配慮せず、家の都合を押しつけるような身勝手な人物。

イ 息子の訴えに取り合わず、笑い飛ばすような冷たい人物。

ウ 不満をぶつける息子の態度にも理解を示す、包容力のある人物。

エ 誰にも相談することなく物事を進める、独りよがりな人物。

「お母さんが笑い出した」「お母さんはやれやれという顔をしたが、何も言わなかった」などの描写から読み取れるのはプラスのイメージ。プラスのイメージである**ウ**以外の選択肢は消去することができる。

POINT 場面の視点

文学的文章における「視点」とは、「その場面が誰の立場から描かれているか」を指す。一つの場面では、特定の一人の視点に固定されているのが普通である。

視点を判断する際には、心情や独白といった、「本人にしかわからない内面の描写」が決め手となる。今回の問題では、〈お兄ちゃんだって、ほんとは鎌倉なんか行きたくないくせに〉という「主税」の独白がわかりやすい。「主税はこれもおもしろくなかった」という一文も、「おもしろくなかった」という心情を断言できるのは「主税」本人だけであるため、主税の視点であるという判断の材料となる。

〔例題〕次の文章は誰の視点から描かれたものかを答えよ。

「健太は兄と一緒に、ポチを散歩させていた。兄は早く帰りたそうな様子だった。ポチも空腹を覚えていた。しかし、健太はふと立ち止まった。」（答え＝ポチ）

「早く帰りたそうな様子」「ふと立ち止まった」に対して、「空腹を覚えていた」のはポチ自身にしかわからないため。

このように、視点は必ずしも人間とは限らない場合もあり、注意が必要である。

読解編 でる順 10位

【説明的文章】指示語

入試問題で実力チェック！ ↓本冊P.61

1 **認識**

2 **生け花とフラワーアレンジメントの違い**

3 **ウ**

4 **(例)絶対音や音の種類が違っていても、**

同じように「ドレミファソラシド」に聞こえる(という不思議な現象。)(37字)

5 **(例)言いたいことを見出すためには、まず情報を収集することが必要であるという発想。**

解説

1 動物の何に近いのかを、前の部分からとらえる。「赤ちゃんの認識」は、「人間の大人」よりも「動物のそれ」に近いのであるから、「それ」は「認識」を指している。指示語に置き換えると、「赤ちゃんの認識」は「動物の認識に近いといってよいかもしれない」となり、意味が通じる。

2 第一段落に書かれている、筆者が疑問に思っていた内容を指している。ただし、「十八字でそのまま書き抜け」という設問文の指示に合う部分は、指示語より前にはないので、指示語より後ろの部分にも同じ内容の部分がないかどうかを探すこと。第三段落に「生け花とフラワーアレンジメントの違い」とある。

3 「この」は近接指示であるため、直前の内容を参照する。「『可能』の用法は次第に能力を意味するようになり、他の用法との違いが目立つようになって来た」とあることから、「他の用法との違いが目立つようになって来た」ことを指すと考えられる。指示語と置き換えると、「他の用法との違いが目立つようになって来たことが、五段活用動詞に『書ける』のような可能動詞が成立した理由」となり、意味が通じる。

次に、それぞれの選択肢について見ていく。**ア**は、「伴い異なる用法に変化した」とあるが、「他の用法との違い」について述べていないため、あてはまらない。**イ**は、「併存状態が一つに統一された」とあるが、「他の用法との違いが目立つ」とは反対の内容となるため、あてはまらない。**ウ**は、「他の用法との意味のつながりが薄らいだ」とあり、「他の用法との違いが目立つ」と似た内容といえる。**エ**は、「関係のない意味が付いた」とあるが、「他の用法との違い」について述べておらず、「関係のない」とはいえないため、あてはまらない。よって、**ウ**が正解となる。

4 直前の部分を参照すると、「絶対音や音の種類が違うのに不思議な現象だ」とある。さらに前の部分を参照すると、「ピアノの右側の高い音で弾いても、左側の低い音で弾いても同じように聞こえる」とある。これらの表現を用いてまとめる。

5 「どのような発想か」と問われているので、答えの文末は「～発想。」で終わることに注意する。

直前の部分を参照すると、「まず情報を、というのがあなたの立場かもしれません」とある。さらに前の部分を参照すると、「『言いたいこと』を見出《みいだ》すために、あなたは、おそらくまず『情報の収集を』と考えていませんか」とある。これらの表現を組み合わせて、説明する。

【古文】内容理解

入試問題で実力チェック!

↓本冊 P.65

1 (1) 草を惜しみて、畜生を悩ますか。 (2) エ

2 イ

3 問一 イ 問二 エ

解説

1 (1) 「そこにいた人（ある人）」の言葉に表れている。

(2) 「そこにいた人」は、実は慈悲深い恵心《えしん》僧都《そうづ》の行為の真意をとらえられなかったのである。

現代語訳

仏道を修める人の行いは、善行も悪行も、皆、深い考えがある。普通の人の考え及ぶところではない。

昔、恵心僧都が、ある日、庭先で草を食べている鹿を、人に命じて打ちたたいて追い払わせた。その時に、そこにいた人が問いかけて言うには、「お師匠さまは、慈悲の心がないように見えます。草を惜しんで、けものを苦しめるのですか。」僧都が言うには、「私が、もしこれ（鹿）を打ちたたかなければ、この鹿は、人になれて、悪人に近づくような時、必ず殺されるだろう。こういう理由で打ちたたいたのだ。」

鹿を打ちたたくことは慈悲の心がないように見えるが、心の中にある道理に、慈悲があふれていることは、このとおりである。

2 最後の文「昔もかかるやさしき事ありけるにこそ」に注目し、桜の献上をやめさせた僧と、后《きさき》の反応からとらえる。

現代語訳

奈良の都で八重桜と評判になっている桜は、現在も興福寺《こうふくじ》の東円堂《とうえんどう》の前にある。その昔、その時の后である、上東門院《じょうとうもんいん》が、興福寺の別当にお命じになって、その桜を希望されたので、掘って車に載せて献上しようとした。

多くの僧たちの中のある僧がこれに出くわして、事の詳細を問うと、「こうこうです」と答えたところ、「有名な桜の木を、無造作に献上なさる別当は、まったく道理に合わない。間違ったことである。そのうえ風雅も解さない。后のお命じになったことだからといって、これほどの名木をどうして献上してよいものだろうか。やめなさい」と言って、すぐにほら貝を吹き、多くの僧たちを集めて取りやめさせ、「別当も追放したほうがよい」とまで騒ぎ立てて、「このことで、どんな重罪になったとしても、自分は張本人として出頭しよう」と言った。

このことを、上東門院がお聞きになって、「奈良法師は風雅を解さない者と思っていたが、思いがけなく素晴らしい僧たちの考えであるよ。まことに風雅を解することだ」と言って、「それならば、自分の桜と名付けよう」と言って、（興福寺に）伊賀《いが》の国与野《よの》という庄園を寄付して、花の盛りの七日間、番人を置いてこれを守らせた。今でもこの庄園は、興福寺の領地である。昔にもこのような風雅な出来事があったことだ。

3 問一 佐々木隠岐《ささきのおきの》入道がおがくずを「取り溜《た》め」て「用意」していたことを、人々はすばらしいと「感じ合」ったのである。

問二 人々は、佐々木隠岐入道が庭を乾かすためにおがくずを用意していたことに感心したが、この話を聞いた吉田中納言《よしだのちゅうなごん》が「乾き砂子の用意やはなかりける」と言ったことで、古くからのしきたりでは、庭を乾かすときに

は乾いた砂を使うものだと知り、そんなことも知らずに佐々木隠岐入道の行いに感心してしまったことを恥ずかしく思ったのである。

現代語訳
鎌倉中書王《かまくらのちゅうしょおう》の御所で蹴鞠《けまり》の会があったが、雨が降ったあと、いまだに庭が乾かなかったので、どうしましょうと相談することがあったが、佐々木隠岐入道が、おがくずを車に積んで、たくさん差し上げたところ、庭一面に（おがくずを）お敷きになって、泥土の支障はなかった。「（おがくずを）取って溜めておいたであろう用意（のよさ）は、すばらしい」と、人々は感心し合った。
このことをある者が語り出したところ、吉田中納言が、「乾いた砂の用意はなかったのか」とおっしゃったので、恥ずかしかった。すばらしいと思ったおがくずは、いやしく、異様なことだった。庭の整備を担当する人が、乾いた砂を用意することは、古くからのしきたりということだ。

古典編 でる順 **2**位

【古文】仮名遣い

入試問題で実力チェック！

↓本冊 P.69

1 いい(出)でらるるおり
2 うるわしき
3 エ

解説

1 語中や語末の「ひ」は「い」に直すので、「いひ」は「いい」となる。助詞以外の「を」を「お」に直すので、「をり」は「おり」となる。

現代語訳
総じて習いはじめのうちは、意外に歌が数多く出来上がり、あるいは心に思うがままに自然と口に出てくるようなときもあるのだ。

2 「うるはしき」→語中・語末の「は」は「わ」に直す。

現代語訳
そうかといって、そのままで再び稽古しないのでは、ただ節と皮のついた荒木のようなままで終わってしまうでしょう、美しく削りみがいてこそ、美しい良材にもなりますでしょう。

3 「ことのほかに」は、「ことの」と「ほかに」を組み合わせた言葉なので、分けて考える。よって、「ほかに」の「ほ」は語の初めにあるので、歴史的仮名遣いに直す必要はない。

現代語訳
武蔵《むさし》の国に西王《さいおう》の阿闍梨《あじゃり》という僧がいた。「お年は、いくつにおなりですか」と、人が尋ねたところ、「六十には余ります」と言うが、七十歳以上に見えたので、疑わしく思えて、「六十には、どれほど余っておいでか」と尋ねると、「十四余っております」と言った。余りすぎであった。七十と言うのよりも、六十と言うと、少し若い気分がして、こう答えたのだった。人の心の常である。
お世辞でも、「お年よりも、ずっと若くお見えになる」と（人が）言うのは嬉《うれ》しく、「意外に年老いてお見えになるな」と（人が）言うと、心寂しく残念なのは、だれしも同じである。

古典編 でる順 **3**位

【古文】動作主

入試問題で実力チェック！

↓本冊P.71

1 イ
2 エ
3 エ
4 イ
5 ウ

解説

1 現代語訳を参考にして、「大人たちに見せている」のはだれかをとらえる。「二つ三つばかりなるちご（二歳か三歳ぐらいの幼児）」が、小さいごみを指にとらえて、大人たちに見せたのである。

2 **ア**の主語は、直前の「裏に米を臼《うす》つく男」。皿を**イ**「かさね」て、**ウ**「砕」いたのも「男」である。「男」は、皿を割った女を救うために、すべての皿を砕いた。**エ**の主語は、直前にある「人々」。

現代語訳
上野《こうずけ》の国の武士の家に、秘蔵の皿が二十枚あった。もしこれを割ってしまう者がいたならば、その命をとらなければならないと代々言い伝えられている。しかし一人の召し使いの女があやまって一枚を割ってしまったので、家中みな驚き悲しんでいるのを、（その家の）裏で米を臼でつく（仕事をしている）男が、これを聞きつけて、「私の家には秘薬があって、割れた陶器を継ぐのに（継いだ）跡も見えない。まずその皿を見せなさい」と言うので、皆元気を取り戻して、その男を呼んで（皿を）見せたところ、二十枚を重ねて、じっくりと見るふりをして、持っている杵《きね》で粉々に砕いてしまった。人々はこれはどうしたことかと茫然《ぼうぜん》としているので、（その男は）笑って言う。「一枚割るのも、二十枚割るのも、同じく命をおとりになるので、全部私が割ったのだと主人におっしゃいなさい。この皿は、陶器なのでそれぞれに（いつか）割れるときが来ます。そうであるならば二十人の命に関わるのを、私一人の命で償おう。継ぐことができる秘薬があると言ったのは嘘《うそ》で、このようにしようと思ったからである」と、少しも動じることなく、主人の帰りを待っていたところ、主人が帰って詳しい事情を聞いて、その義勇を非常に感じ入り、城主に申し上げて武士に取り立てられたが、やはり心が清く私欲のない役人になったということだ。

3 **エ**の主語は烏《からす》。それ以外はすべて鷲《わし》。

現代語訳
ある時、鷲がかたつむりを食べたいと思ったが、（殻が硬くて食べられないので）どうしたらよいかわからず、思案に暮れているところに、烏がわきから進み出て申し上げることには、「このかたつむり（の殻）を壊すようなことは、とても簡単でございます。私が申し上げるようになさったあと、私にその半分を与えてくださるのなら、お教え申し上げよう。」と言う。鷲が承知してその方法を尋ねると、烏が申したことには、「このかたつむりをつかんで飛び上がり、高い所から落としなされば、その殻はすぐに砕けるでしょう。」と言う。（鷲は、烏が）言った通りにしましたところ、簡単に取ってかたつむりを食べた。

4 **ア・ウ・エ**は、「ちひさきゐのしし」の行為、**イ**は、直前にあるように「羊」の行為である。

現代語訳
さて、いのししの、子どもがたくさんいた中で、とりわけ小さいいのししが、強く自負して、「全体のかしらとなろう」と思って、歯を食いしばり、目を怒らし、尾を振って飛び回ったが、仲間たちは少しもこれを認めなかった。このいのししはあきらめて、「所詮このようなものどもの仲間でいるよりは、他人に敬われたいものだ」と思って、羊たちの群れる中に行って、前のように振る舞ったところ、羊は勢いに恐れて逃げ隠れた。今こそこのいのししは思いを遂げていたところに、狼《おおかみ》が一匹走ってきた。（いのししは）「ああ」と思ったが、「わたしはこの主人であるから、狼もきっと恐れるだろう」と思って、なんでもないようすでいたところに、狼がとびかかり、耳をくわえて山中に至った。羊は援助しなかった。うめき叫んで行くと、例のいのししの仲間が、この声を聞きつけて、とうとう取り囲んで助けた。（いのししは）その時こそ、「無益な謀反《むほん》をしたものだ」と、もとの（仲間の）いのししたちに降参した。

　そのように、人間の世にあることでも、無意味に高慢な心をおこして、人を従えたいと思えば、かえって災いを招くものである。最後にはもとの親しいものでなくては、本当の助けになるはずがない。

5 登場人物は、「楽助」「こざかしき者ども」「亭主（あるじ）」「客」である。**ア**「住みなして」の「て」は接続助詞。接続助詞の「て」の前後では、原則として主語は変わらない。つまり、あとの**イ**「くませ」と主語は変わらないので、主語は「茶の湯に身をな」す「楽助」だとわかる。次に、「こざかしき者ども」が「朝顔の茶の湯をのぞみ（希望し）」、取り次ぎの依頼を「いふ」とあるので、「こざかしき者ども」が「客」で、「茶の湯に身をな」す「楽助」が「亭主」であると読み取る。

現代語訳

　野には菊・萩《はぎ》が咲いて、秋の景色ほど、しめやかで趣深いものはない。風流の心がある人は和歌こそ日本の風流のならわしだとする。何であろうと、風流の道は強く心ひかれるものだ。

　奈良の都のひがし町に、上品に暮らして、日々茶の湯に精を出し、興福寺の、名水「花の井」をくませ、有名な生活上の苦労がない人がいる。

　ある時この里の利口ぶって生意気な者たちが、朝顔が咲く時間に行われる茶の湯を希望したので、前もって日付を約束して、様々なことに配慮をして、その朝四時頃から準備をして、この客を待っていると、およそ時分（朝顔の茶の湯であれば早朝に来るのが常識）というものがあるのに、昼前に来て、取り次ぎの依頼を言う。

　亭主が腹を立てて、客を茶室に至るまでの庭に（招き）入れてから、提灯《ちょうちん》をともして、迎えに出たところ、客はまだ（亭主が皮肉でしていることを）理解できず、夕闇を歩くようにするのが、面白い。亭主は不愉快なので、花入れに土のついた、芋の葉を生けて見せたが、そのまま（亭主の意図が理解できない）でいる。何かにつけて風流の心得のない人には、（もてなす方も）そのつもりでいるべきだ。亭主も客も、同じように茶の湯に深い愛着を持つ人でなくては、楽しみもなくなるのだ。

古典編 でる順 4位

【漢文】訓読のきまり

入試問題で実力チェック！

本冊P.75

1 観ル 者 無シレ 不《ざ》ルハ二 辟 易 顚 仆セ一

2 ア

解説

1 書き下し文の漢字の順に合わせる。「観者無

（不）辟易顛仆《へきえきてんぷ》」に、書き下し文の漢字の順をあてはめると「①②⑦(不)③④⑤⑥」となっている。「①②」の次に「辟易顛仆」を読んでから「無不」に返るので、一・二点を用い、「仆」に一点を「不」に二点を付す。さらに、「辟易顛仆せざるは無し」と「不《ざ》ルハ」を読んでから「無」に一字返るので、「無」にレ点を付す。

現代語訳
魏《ぎ》の明帝は、兵士を訓練するための広場のあたりで、虎の爪や牙を断ち、多くの人民がこれ（虎）を見ることを許した。王戎《おうじゅう》は七歳だったが、また行って（虎を）見た。虎はすきをうかがって檻によじ登ってほえ、その声は大地を震わせた。見る者でたじろいで倒れ伏さない者はいなかった。（だが、）王戎はしずかに動じなかった。ついに恐れる様子はなかった。

2 書き下し文の漢字の順に合わせると「不入虎穴不得虎子」は「(不) ③①②、(不) ⑥④⑤」となり、「入」は「虎穴」をはさんで返り、「得」は「虎子」をはさんで返るので、どちらも一・二点を用いる。「不」は「入らず」「得ず」と最後に読むのでレ点を用いる。

古典編 でる順 **5**位

【漢文】内容理解

入試問題で実力チェック！

↓本冊 P.77

1 **問一** ア
問二 (例) あぜ道を譲って、年長者を敬う (14字)

2 **問一** ウ
問二 イ

3 **問一** ア
問二 a (例) 恥じる
b 良知

解説

1 **問一** 「田を争ひ決すること能《あた》はず」とあるが、周の国に入って人々の様子を見て恥じ入り、「乃《すなわ》ち西伯《せいはく》を見ずして還《かえ》」ったので、西伯に会って意見を聞くために周に来ていたことがわかる。

問二 周の国で二人は、「皆畔《あぜ》を遜《ゆず》り、民の俗皆長に譲る」人々の姿を見たのである。この部分を空欄前後に合うようにまとめる。

現代語訳
西伯はいつくしみ深い政治を行い、各国の領主は西伯に従っていた。虞《ぐ》と芮《ぜい》は田を取り合って解決することができなかった。そこで周に行った。周の国に入って耕す者を見ると、みなあぜ道を譲り、人々はみな年長者を敬っていた。（虞と芮の）二人は（田を争って解決できずに西伯を訪ねて助言を得ようとしていた自分たちの行動を）恥ずかしく思い、互いに言った、「私が争っていることは、周の人が恥とすることだ」と。そのため西伯には会わずに帰り、お互いにその田を譲り合って取らなかった。

2 **問一** ——線部のあとの会話で巫馬期《ふばき》が「何ぞや」と漁師がとった行動の理由を尋ねている。それに対して漁師は「宓子《ふくし》は人の小魚を取るを欲せざるなり」と答えている。

問二 宓子が言ったとされる言葉に「此《ここ》に誠ある者は、彼に刑《あら》はる」とある。**イ**はこの内容に合う。**ア**は、巫馬期が「自らの政治を改めた」という部分が不適。**ウ**、**エ**は、本文にない内容のため不適。

現代語訳
宓子が、亶父《たんぽ》を治めて三年、そして巫馬期が、粗末な衣装を身につけて、容貌を変え、（亶父の）変化の様子を見に行った。夜に漁師が魚を捕まえてそれを逃がすのを見て、巫馬期が尋ねて言うことには、「そもそもあなたが漁をするのは、魚を手に入れたいからである。今（魚を）捕ってそれを逃がすのはどうしてか。」と。漁師が、答えて言うには、「宓子は人々が稚魚を捕まえることを望んでいないのです。（今私が）捕まえたものは稚魚です。そこでこれを逃がしたのです。」と。巫馬期は、帰って（このことを）孔子に報告して言うには、「宓子の徳は（人々に）行きわたっています。（宓子は）人が夜にこっそり行動するときも、まるで厳しい刑がすぐ近くにあるかのように行動させている。宓子は、どのようにしてここまで（徳を）行きわたらせたのでしょうか。」と。孔子が言うには、「私は、以前宓子にどのように世を治めるのかを尋ねた。（宓子が）言うには、『こちらに誠があれば、（その誠は）あちらにあらわれます。』と。宓子は、きっとこのやり方を実践したのであろう。」と。

3 **問一** ――線部の書き下し文「先生の良知を論ずるを」の助詞「の」は主語を表すので、「先生が良知を論じるのを」となる。「聞くも」と「解せず」は――線部の主語「一初来の学士」である。――線部のあとで「一初来の学士」が「良知は何物なりや」と尋ねていることからも、「良知」というものを理解していないのだとわかる。

問二 書き下し文の「士は慚《は》ぢて赧《あか》らめり」の「士」は「一初来の学士」のこと。的外れな質問をしてしまったことを恥じて顔を赤らめたのである。その様子を陽明《ようめい》先生が見て、「其《そ》の（良知の）色赤なり」と言ったのである。つまり、自らの行いを「恥じる」ことができるのは「良知」の表れだと教えたのである。

現代語訳

昔、陽明先生の家に多くの弟子がひかえていた。来たばかりの学生は、たぶん愚かな人だろう。（その学生は）しばらく先生が良知を論じているのを聞いていても、理解できなかった。突然質問して言うには、「良知とはどのような物ですか。黒いですか、白いですか。」と。多くの弟子たちは唖然《あぜん》としてくすくす笑った。学生は恥ずかしくなって顔を赤らめた。陽明先生が落ち着いて語るには、「良知は黒でもなければ白でもない。その色は（今のあなたの顔と同じ）赤である。」と。

古典編 でる順 6位

【古文】現代語訳

入試問題で実力チェック！

↓本冊 P.81

1 ア
2 ア
3 エ
4 エ
5 イ
6 問一 エ　問二 ア
7 問一 ウ　問二 イ

解説

1 「いくほどなく」は「幾程なく」で、距離が短いことを表し、「そんなに遠くはなく」の意味。

現代語訳

菊川を渡って、少し行くと一つの村里があった。こまばというそうだ。この里の東のはずれに、少し登りになっている（場所があり、その）奥まったところから大井川を見渡したところ、はるばると広がっている河原の中に、一筋だけではなく流れが分かれている川の瀬などが、あれこれと交差するようで、州《す》流《なが》しというものをほどこしているのに似ている。

2

「いかなる」は、「どのような」という意味。

現代語訳
水戸《みと》中納言《ちゅうなごん》光圀《みつくに》殿が、狩りにお出になったときに、身分の低い男が、年老いた女の人を背負って、道の近くで休んでいたが、(光圀殿が)「どのような者であるか。」とお尋ねになると、知っている者がいて、「あの男は人々に知られている親孝行の者で、母を背負って(光圀殿が)狩りをなさるお姿を拝見しているのです。」と言う。

3

「いと」は、下に打ち消しの言葉を伴うと「それほど」「たいして」という意味になる。

現代語訳
昔、殿上人《てんじょうびと》の男たちが、桜を見ようと東山にいらっしゃったところ、急に無情な雨が降ってきて、人々は、実に慌てふためきなさったが、実方《さねかた》の中将は、それほど慌てることなく、(桜の)木のもとに近づいて、
このように、
桜狩りに行ったところ、雨が(急に)降ってきた。同じことなら、たとえ濡《ぬ》れたとしても(桜の)花の下で過ごしたいものだ。
と詠《よ》んで、(自分の身を)隠しなさらなかったので、花から漏れ落ちてくる雨にすっかり濡れて、服を絞ることができなくなるほどでした。このことを、おもしろいことだと人々は感じたのだった。

4

「同じからぬ」は「ぬ」が打ち消しなので、「同じではない」と訳する。

現代語訳
普通の人は、漁船といえば、どれも同じように作るものだと思うであろうが、同じように作っても、自然とよくまとまって出来上がるものもあり、ここはよいがあそこはよくないというものもあり、ちょっと見ただけではいかにも(出来具合が)よさそうだが、(実際に)乗ってみるとそうではないものもあって、どれ一つとっても同じではない。

5

「あらため」は、一つ一つ吟味するということ。「らる」は尊敬の助動詞。「べし」は適当の助動詞で「～するとよい」。

現代語訳
人の口は、あらゆる善悪が出入りする門である。だからよい番人を置いておき、出入りするものを吟味し(て善か悪かを見分け)なさるのがよい。

6

問一 「いみじ」は、よい場合にもよくない場合にも用い、程度がはなはだしいことを表す形容詞。よい場合は「優れている」「すばらしい」と訳する。

問二 「立ち居起き臥《ふ》しに」歌にかかわる風情《ふぜい》を考えていることから「常に」が適切。

現代語訳
頼政卿《よりまさきょう》はすばらしい歌の名人である。心の底まで歌そのものになりきって、いつもこれ(歌)を忘れず心にかけながら、鳥が一声鳴き、風がゆるやかに吹くときにも、まして桜が散り、葉が落ち、月が出入りをし、雨や、雪などが降るにつけても、日常生活の中で、風流を思わないということはない。

7

問一 ──線部①の前に「当局の人は闇《くら》く、傍《かたわら》観《み》るの者は明らかなり」とある。「脇目百目」は「実際に囲碁をしている人よりも、そばで囲碁を見ている人のほうが全体を見渡せるために百手先が読める」という意味。

問二 「立ちかへつて」思案をめぐらせるのは「人のした事、過ぎ去りし事」についてである。また、「思案をめぐらし」に「反省する」

の意味はないので**イ**が適切である。

現代語訳

　昔から囲碁をうつときは、実際に囲碁をしている人は（先の手が）わからず、そばで見ている者は（先の手が）わかると言い伝えられて、俗に言う脇目百目であるので、人のした事や、過去の事を、あとからそのことについての論評を加え、現在の視点から過去のことをあれこれ考えてみると、特によい考えも浮かぶものだ。前に言ったように、昔あった事は、必ず今もそれに似た事があるものなので、過去の人が失敗した事に気がついていれば、今するべき事に思い至る事が多いだろう。これが歴史書を学ぶことの大きな利点である。君主の学問には、歴史書を読むことは大いに必要な事だと知るべきである。

作文編 でる順 1位

作文の書き方

入試問題で実力チェック！

↓本冊 P.85

1 （例）私は、自然科学に分類される図書を購入するのがよいと考える。
　二つのグラフを見ると、自然科学の本は、蔵書冊数は三番目に多いのに対し、貸出冊数は二番目に多く、蔵書冊数に比べて貸出冊数が多い。これは、自然科学の本を借りたい生徒が多いわりに、図書館の本が少ないということだと思うからである。（140字）

2 （例）私が重視したいのは、食事を通した交流です。和食は季節や年中行事に合わせて作られることが多く、食事の時間を家族や地域の人たちと共にすることで、きずなを強くする役割があるからです。
　私の家では、毎年お彼岸に、家族で一緒にぼたもちを作って、近所の人にも配っています。これからもずっと続けていきたいです。（147字）

解説

1 「どの分類の図書を購入するのがよいと思うか」を書くが、グラフを根拠に書かなければいけないので、「歴史の本が好きだから」などの個人的な理由は書かないようにする。また、片方のグラフだけから根拠を求めるのも誤りとみなされるので注意する。

2 条件②と③に気をつける。第一段落では、資料から読み取れることを書く。その際、《資料Ⅲ》の中から「美味しさ」「空腹を満たす」以外で一つを選ぶ必要があるが、《資料Ⅰ》と関連付けて書かなければいけないという点に注意する。第二段落では、「和食文化の良さを受け継いでいく」ことについての、自分の考えをまとめる。第一段落で書いた内容に関連させて書くようにするとよい。

実力完成テスト①

↓本冊P.88

1 問一 ア
問二 A 技術と人間との関係
B 人間の制御しえない結果
問三 ウ
問四 (例)私たちの問題は、国内だけではなく、連接している日本ならびに世界の問題であるため、問題を広い視野で、かつ複合的に(55字)

2 1 演奏　2 寒暖
3 垂(れる)　4 ひんぱん
5 そっちょく　6 けいだい

3 イ

4 ウ

5 問一 いいつる
問二 a ア　b ウ
問三 エ

解説

1 **問一** 指示語はそれより前の内容を指していることが多いことをふまえて、「この」の内容を確かめる。「この」が指しているのは、――線部①を含む段落と、その前の段落で説明されている、核技術についての問題。そこでは、人工的に原子核を壊して崩壊を引き起こすと、「安定した物質になるまで放射線を出し続け」「安定状態になるのに何万年もかかる」ため、核技術に手を付けた人類は、「人類史の時間を超える射程をもって、危険な残り滓《かす》をずっと管理していかなければいけない」ことが説明されている。この内容に合うのは**ア**。**イ**は、事業の民営化によって核技術の提起した問題が誰にも扱えなくなることは本文中で述べられているが、「この問題」の指す内容ではない。**ウ**は本文に「人類史の時間を超える射程をもって」とあるため、「人類史と並ぶほどの」が本文の内容に合わない。**エ**は「サイバネティクス」については本文の中盤でふれられているが、「核技術の管理をどうするのかという解決策をサイバネティクスでは結論づけられない」かは読み取れず、また、「この問題」の指す内容ではない。

POINT
選択肢の一部、あるいはすべての内容が本文中に書かれている場合でも、問われている内容には合わない、誤答選択肢であることがあるので、注意。

問二 「ハイデガー」の指摘の内容は――線部②を含む段落で詳細に説明されている。ハイデガーは「遺伝子工学」と「核技術」との同時代性を指摘し、それらが「技術と人間との関係の根本的な変化を画するもの」だとしているため、空欄Aには「技術と人間との関係」があてはまる。また、ハイデガーは、「科学技術は人間の生活を豊かにする優れた道具だとみなされ、人びとの幸福に資すると期待されていたのですが、それが核技術や遺伝子工学に至ったとき、科学技術の成果は人間のコントロールを超えるものになって、人間は宙《ちゅう》吊《づ》りになる」としているため、空欄Bには、科学技術が人間にコントロールできない結果を引き起こすという内容があてはまると考えられる。よって、空欄Bには――線部②の次の段落の「人間の制御しえない結果」があてはまる。

問三 ――線部③の前で、科学技術の「『進歩・発展』が迷走し始めて、この先どうなるかが不透明」な現代においては、「イノベーションによって社会はこんなふうに進化しますと言われても、それは空中楼閣なんじゃないか」という「不安が根底に」あることが説明されている。また、「灰色とか茶色にくすんでいる」という表現から、未来の夢が真っ暗で全く期待がもてないわけではないが、不安があるという内容であることをおさえる。こうした内容に合うのは**ウ**。**ア**は「期待する余地がない」とまでは本文から読み取れない。**イ**は「手が届かない、夢のようなもの」は「空中楼閣」のイメージに合うものの、「灰色とか茶色にくすんでいる」の説明に合う内容がない。**エ**は「科学技術の発展によってさらに生活が豊かになると期待するのは、もはや時代遅れの人間だけ」という内容は本文から読み取れない。

問四 問題の考え方について説明されている部分を探す。――線部④の二段落前に、「ここだけの問題ではなく、ある世界的な状況の、日本における現れ方だと考える視点が必要」「私たちの置かれた状況というとき、それは日本でもあれば世界でもあり、私たちはその連接を通して生活しているということ」と説明されている。また、――線部④の一段落前に「広い視野で、かつ複合的に考えてみる必要がある」とある。それらの内容を、解答欄のあとの言葉につながる形でまとめる。

2

1「エンソウ」の「エン」は「演じる」の「エン」、「ソウ」は「奏でる」という漢字を使う。「奏」は下の部分を「矢」にしないように注意。

2「寒暖」は寒いことと暖かいこと。「暖」の左の部分を「目」にしないように注意。

3「垂」の下の部分を「土」にしないように注意。

4「頻繁」はよく行われること。

5「率直」はありのままで隠しごとがないこと。「率」には「ソツ」「リツ」という音読みがあるので注意。「ソツ」はほかに「引率」などに、「リツ」は「確率」などの熟語に使われる。

6「境内」は神社や寺院の敷地の中のこと。「境」は「境界」のように「キョウ」という音読みを使うことが多いが、「境内」の場合は「ケイダイ」という特別な読み方をする。

3

イ「おもむろに」は、ゆっくりという意味。空欄の上に「時間をかけて」とあるため**イ**が正解。**ア**「やにわに」は、いきなりという意味。**ウ**「つぶさに」は、くわしくという意味。**エ**「みだりに」は、むやみにという意味。

4

「私の妹」の「の」は「妹」を修飾する連体修飾語を作っており、**ウ**「週末の予定」も同様に「週末の」が「予定」を修飾している。**ア**「鳥の鳴く声」は「鳥が鳴く声」と置き換えられるので、「の」が主語を表している。**イ・エ**の「の」は「~もの・こと」と置き換えられるので、体言の代用になっている。

5

問一 歴史的仮名遣いでは、語頭にない「はひふへほ」は「わいうえお」と読むため、「ひ」を「い」にする。

問二 **a** 人からもらって、木の枝にかけたひょうたんが風に吹かれて鳴るのを、うるさいと言って捨てたのは許由《きょゆう》。

b 許由と孫晨《そんしん》のつつましい行動がすばらしいと思って、書物に記して後の世に伝えたのはもろこしの人。古文中では、中国人のことを「もろこしの人」、日本人のことを「これらの人」としている。

問三 ――線部②を含む一文は、「中国の人は、こうしたことをすばらしいと思ったからこそ、書物に書きとめて後の世にも伝えたのだろうが、日本の人は、語り伝えるはずがない。」という意味。また、中国の人がすばらしいと思ったのは、許由と孫晨の、つつましく質素で、浪費を避け、世間的な名誉や利益をむやみに求めない行動のことである。こうした内容に合うのは**エ**。**ア**は「日本の人は感心し、語り伝えた」が、**イ**は「名声を得るには我慢が必要」が、**ウ**は「日本の人は」が本文の内容にそれぞれ合わない。

現代語訳

人は自分をつつましく質素にして、浪費を避けて財産を持たず、世間的な名誉や利益をむやみに求めないようなことが、立派だと言えよう。昔から、賢人で裕福な人はめったにいないものだ。

中国で許由といった人は、身についた蓄えもまったくなくて、水さえも手を使ってすくいあげて飲んだのを人が見て、ひょうたんという物を人が与えたところ、ある時、木の枝にかけていたひょうたんが、風に吹かれて鳴ったのを、うるさいと言って捨ててしまった。また(以前のように)手ですくって水を飲んだ。どれほど心のうちは爽やかだっただろう。孫晨は冬の季節に夜具がなくて、藁《わら》が一束あったのを、日が暮れるとこれに寝て、朝には片づけた。
　中国の人は、こうしたことをすばらしいと思ったからこそ、書物に書きとめて後の世にも伝えたのだろうが、日本の人は、語り伝えるはずがない。

実力完成テスト②

↓本冊 P.92

1 問一 ア
問二 不安におちいっている
問三 (例)誰かにコートの整備を意図的に押しつけることをしたくないので、グーパーじゃんけんで整備する者を決めるのをやめようと伝えようとしている(65字)
問四 ウ

2 1 郵便　2 看護
3 慣習　4 せんせい
5 せんりつ　6 のが(れる)

3 イ

4 四

5 問一 ウ
問二 エ
問三 ア・エ(完答)

解説

1 問一 ——線部①のあとに「ぼくは落胆するのと同時に自分の甘さに腹が立った」とこのときの心情が述べられているので、「落胆」と「腹が立つ」の両方の内容を含む選択肢が正答となる。また、「ぼく」が何に対して「落胆」して「腹が立った」のかをおさえる。——線部①の前に、武藤《むとう》が「自分から顧問の浅井《あさい》先生かキャプテンの中田《なかた》さんにうちあけたのではないかと、ぼくはおもった」とあり、「昼休みには浅井先生か中田さんがテニスコートに」来て、コート整備に関する問題を解決してくれるだろうと予想していたことが書かれている。そのため、その予想が外れて、まだ問題が解決しそうにないことに落胆するとともに、人任せにして事態が解決するだろうと甘く見ていた自分に腹が立ったのだと考えられる。その内容に合うのは**ア**。**イ**は「腹が立った」ことが、**エ**は「落胆」がそれぞれ説明されていない。**ウ**は「このままグーパーじゃんけんをするのはよくないと思いつつ」が、——線部①の三段落あとの「一番いいのは、このままふつうにグーパーじゃんけんをすること」に合わない。

POINT
正答選択肢に二つの心情が含まれる問題の誤答選択肢として、一つの心情にしか言及しない場合があるので注意。

問二 「緊張で青ざめている」一年生の心情が書かれている部分を本文中から探す。第二段落に、「ぼくが武藤を呼びとめていた」場合にほかの一年生が感じただろうことが書かれており、「気になってしかたがなかったにちがいない」「不安が広がっていたはずだ」とある。ここから、解答欄には、「不安」に関わる内容が入ると考えられるので、十字でその内容が書かれている部分を本文から探す。（中略）のあとにも一年生の心情が書かれており、「末永《すえなが》以外の一年生部員二十三人は、自分が加担した悪だくみのツケとして不安におちいっているにすぎない」とあるので、そこから「不安におちいっている」をぬき出す。

問三「ぼく」がチョキを出したのは、一緒にテニススクールに通っていたころの家族の姿を思い出したからである。――線部③の前に「本当はVサインのつもりだった」とあり、「ぼく」はチョキを出そうとしたわけではない。しかし、今回問われているのは、「ぼく」がチョキを出した理由を久保《くぼ》がどのように解釈しているかである。――線部③のあとで久保は「グーパーはもうやめよう」と言っているため、「ぼく」がチョキを出したのは、グーパーじゃんけんをやめようという気持ちの表れだと久保は理解したと考えられる。また、末永にコート整備を一度押しつけたことで、再び誰かがハメられるのではないかと「ぼく」をはじめとする部員たちが不安になり、緊張しているため、「誰かにコートの整備を意図的に押しつけることをしたくない」などと、グーパーじゃんけんをしたくない理由も合わせて答えるとよい。

問四「グーパーはもうやめよう」という久保の提案に、武藤は「すばやくうなず」き、そのあとチョキを出しているため、グーパーじゃんけんをやめることに心から同意し、仲間との関係をやりなおそうとしていることがわかる。また、武藤は廊下で「ぼく」と会った際に、「そんな姿は見たことがなかった」「気弱げな」態度を取っており、自分が末永にコート整備を押しつけたことに気まずさを感じていたことが読み取れる。この内容に合うのは**ウ**。**ア**は「心苦しい状況を自分から打破する機会を探っていた」、**イ**は「『ぼく』が自分の悪ふざけを止めてくれることを期待していた」、**エ**は「『ぼく』に恨みの念をいだき、久保の提案をしぶしぶ受け入れている」が、それぞれ本文から読み取れない。

2 1「郵」の部首は「おおざと」なので、書き間違えないよう注意。

2「看護」はけが人や病人の手当てや世話をすること。「看」の上の部分の線の数に注意。

3「慣習」はある社会で昔から受け継がれてきたならわしのこと。「カンシュウ」と読む熟語にはほかに「観衆」「監修」などがあるので、使い分けに注意。「観衆」は催しを見物するために集まった多くの人々のこと。「監修」は著述や編集の責任者として監督すること。

4「宣誓」は大勢の前で誓いの言葉を述べること。

5「旋律」はリズムのある音の連続的な重なりで、音楽的な内容のあるもののこと。

6「逃」は「のが・れる」「のが・す」「に・げる」「に・がす」という訓読みがある。

3 **イ**「折り紙つき」は確かだという保証がついているという意味。「腕前はすばらしく」とあるので**イ**が正解。**ア**「一日の長」は技術や経験が他より少し優れているという意味。**ウ**「万事休す」は施す手段がなく、何をしてもだめだという意味。**エ**「諸刃《もろは》の剣」は一方では非常に役に立つが、他方では大きな危険をもたらすおそれがあるもののこと。

4「彼女は／あわてて／走って／いった。」に分かれる。「走っていった」は「走る」という動詞と、「いく」という補助動詞を、「て」という助詞がつないでいるために、二つの文節に分けることに注意。

5 **問一** **ア**「褒むる」の主語は「世人」、**イ**「誹《そし》れば」の主語は「世人（の親・疎）」、**ウ**「趣《おもむ》かん」の主語は「我」、**エ**「通達《つうだつ》し」の主語は「かくの如《ごと》く謗《ぼう》・讃《さん》する人」つまり世間の人。

問二 前の一文は、「世間の人がどのように非難しても、釈迦《しやか》の示した行為や、聖典に書かれている道理でさえあれば、それにもとづいて実践するべきだ。」という意味。――線部①を含む一文は、「たとえ、世間の人がそろって褒めても」という内容で始まっていることから、前の文と逆の内容が述べられていると考えられる。

問三 ――線部②を含む一文は、「ただ、仏道にもとづいて実践すべき道理があるならば、ひたすらにそれにもとづいて実践すべきだ。」という意味。その理由の一つが、世間の人の心に従ったとしても、自分が亡くなって、地獄道に向かって行く際に、世間の人は自分を救ってくれないことが古文中で述べられている。また、もう一つの理由として、釈迦の示したことに深く通じ、真理を悟っているのではない世間の人は、釈迦が示した道を善悪の基準をもって判断できないことが述べられている。

現代語訳

世間の人がどのように非難しても、釈迦の示した行為や、聖典に書かれている道理でさえあれば、それにもとづいて実践するべきだ。たとえ、世間の人がそろって褒めても、聖典に書かれている道理ではなく、仏教の創始者も行っていないことならば、それにもとづいて実践してはいけない。

その理由として、世間の人の親しい人や親しくない人が、自分を褒めたり、自分を非難したからといって、その人の心に従っても、自分が亡くなる時に、道理や法に反し、現在と将来に苦をもたらす行為に引き込まれて、地獄道に向かって行く時に、どうして（世間の人が自分を）救うことができるだろうか。たとえ、もろもろの人に非難され、憎まれるとしても、釈迦の示した道にもとづいて実践すれば、本当に、自分が助かるだろうから、人が非難するからといって、仏道で示されたことを実践しないでよいはずがない。また、このように非難したり褒めたりする人は、必ずしも、釈迦の示したことに深く通じ、真理を悟っているのではない。どのようにして、釈迦が示した道を、善悪の基準をもって判断することができるだろうか。それだから、世間の人の心には従ってはいけない。ただ、仏道にもとづいて実践すべき道理があるならば、ひたすらにそれにもとづいて実践すべきだ。